献给历史上和今天的普通人，
让他们的历史和贡献被记录、被看到、被承认。

消失的
古城
（增订本）

The Lost Ancient City

王笛

著

人民文学出版社

图书在版编目（CIP）数据

消失的古城：增订本/王笛著.--北京：人民文学出版社，2024
ISBN 978-7-02-018362-3

Ⅰ.①消… Ⅱ.①王… Ⅲ.①古城-介绍-成都-近代 Ⅳ.①K928.5

中国国家版本馆CIP数据核字（2023）第236070号

责任编辑　李　磊
装帧设计　陶　雷
责任印制　苏文强

出版发行　人民文学出版社
社　　址　北京市朝内大街166号
邮政编码　100705

印　　刷　北京盛通印刷股份有限公司
经　　销　全国新华书店等

字　　数　240千字
开　　本　880毫米×1230毫米　1/32
印　　张　12.25　插页2
版　　次　2024年4月北京第1版
印　　次　2024年4月第1次印刷

书　　号　978-7-02-018362-3
定　　价　79.00元

如有印装质量问题，请与本社图书销售中心调换。电话：010-65233595

目　录

前言 日常生活的记忆

提倡民众史观，认清普通人对中华文明的贡献，是今天历史学家的责任。我认为，这不仅是一个历史写作的问题，而且还是一个历史接受的问题。由于帝王史观长期主宰了我们的历史写作，让普通人认为自己人微言轻，而意识不到这个世界上每一个人，无论是位高权重者，还是每天为生计奔波的普通人，享受的尊严、人格、权利是一样的。我们还需要认识到，中华民族文明的发展，是亿万普通人世世代代艰苦付出的结果，而绝不是帝王将相和所谓的"英雄"留给我们的遗产。这本书献给历史上和今天的普通人，让他们的经历和贡献被记录、被看到、被承认。

重新讲述中国历史

对于中国近代的历史，我们都很熟悉了，但是为什么我认为仍然需要重新研究和讲述呢？因为传统的历史叙述，经常是宏大的叙述，缺乏历史的细节，让我们记住了教科书式的答案。所以，要进入历史的内部，去观察那些重大的历史事件对普通人的命运和日常生活发生的影响。

没有一个城市或是乡村，可以代表中国这个整体，我们只能试图找到一个切入点，从微观进入到宏观世界。我选择了中国西南部的一个内陆城市——成都，这是一座已经"消失"的古城。虽然现在这座城市还在，但已经不是本书所讲的那座传统的中国城市了。而这种城市表面的巨大变化的背后，必然伴随的，是普通人日常生活天翻地覆的改变，而这种改变常常为大历史的叙述所忽略。而在我的观察研究中，中国人近代日常生活变化的核心，是城市管理的转变所导致的结果。

直至20世纪初，由于缺乏市政管理，国家权力几乎很少影响到市民的日常生活。尽管成都拥有三个层次的政府管理机构——省、府和两县（成都县和华阳县），每一个层次都需要管理包括农村的广大地区和大量的分散人口，但却没有一个机构专门管理城市。虽然国家对城市也并非全然不管，但当国家权力触及地方层面时，力量已经非常微弱。

过去人们对中央集权的体制理解是，专制王朝对人民的管理很细微、很具体，其实并非这样。无论是乡村还是城市，在20世纪之前，其实都可以称为自治的社会。通过保甲制度管理社会治安，民众直接到县衙打官司，但是日常生活的运转，就与官府基本无关了。但是谁来管理具体事务呢？那就要依靠社会组织了，如宗族、会馆、行业、慈善等民间机构。

所以和一般人的印象可能不太一样的是，传统城市的公共空间实际上是相对"自由地"使用的,人们对它们的使用普遍享有相当大的自主权。由于少有政府的介入,作为社会调控基层单位的街道、邻里对社区事务承担着很大的责任,这些非官方团体在组织市民的公共生活中发挥了重要作用。

然而在晚清,警察这个从未有过的体系成立了,他们作为城市中国家力量的代表,加强了对人们日常生活的干预和限制。随着经济和政治的发展,街头文化和民众的公共生活经历了重要的转变。街头生活不再由市民自主管理,而是逐渐受到各种政策和法规的控制,这种控制是前所未有的。国家已经开始将它的力量延伸到街道和社区。1928 年市政府建立后,成都主要被控制在军阀的手中,他们填补了因清帝国的灭亡而产生的权力真空。

在这样的转变中,街头、街头生活、街头文化再也不是原来的面貌,而被永远地改变了。也就是说,成都的确是从一个"自由"的社会变得没有那么"自由"了,再加上其中发生的那些冲突和抵抗,还有传统的逝去,现代生活的到来,人们猝不及防,面对这个剧烈变化的时代可以说是手足无措,对自己的命运,似乎完全失去了把控。

应该怎样认识历史

历史并不是可以预测的,只有在它发生之后,人们才能试图对它进行理解,而且这个理解也是非常有局限的。为了尽可能地减少理解的局限，我们考察历史只有尽可能地多角度、多层次、多视野。对于怎样理解清末民初成都的历史，这里我想从四个方面来思考：从大历史到微观历史、旧世界与新世界、从成都的街头出发，以及晚清民国成都历史的阶段划分。

一、从大历史到微观历史

我以前写过《街头文化：成都公共空间、下层民众与地方政治，1870—1930》（以下简称《街头文化》），以及关于20世纪上半叶成都茶馆和公共生活的《茶馆：成都的公共生活和微观世界，1900—1950》（以下简称《茶馆》）。从街头到一个个小小的茶馆里，我们看到整个成都城市的各种公共空间。我们要把茶馆作为一个微观世界来考察，去探索整个20世纪不同的历史时期、不同的政治环境下，人们的公共生活是怎样变化的。也就是说，通过茶馆这个微观世界去观察那个大的世界的变迁。

成都之于整个近代中国社会，就像街头和茶馆之于成都。那么，街头和茶馆，这样特定的小的空间怎么能代表一座城市呢？同样地，成都又怎么能代表整个近代中国社会呢？

这里我想引入"微观历史"（microhistory）这个概念。"微观历史"在西方史特别是中世纪欧洲史的研究中，已经有相当的发展，并有一些杰出的著作问世。比如很有名的卡洛·金茨堡，他的《奶酪与蛆虫：一个16世纪磨坊主的宇宙》《夜间的战斗：16、17世纪的巫术和农业崇拜》，是微观史写作的代表。然而，在中国史的研究里，微观史的写作才刚刚开始，这除了史学方法的问题之外，还因为，我们的确缺乏对中国社会和社会生活研究的系统资料。在中国几乎找不到像欧洲宗教裁判所档案那么大量、系统和完整的记录，也就很难写出像《奶酪与蛆虫》这样精彩的有关普通人的故事。虽然我在我的历史写作里，也未能克服这种资料的缺陷，但多年的努力——从挖掘档案到实地调查——也使我能够进入到茶馆的内部，去探索那丰富多彩、变化多端的微观世界。

从大历史的角度来观察近代中国政治和社会的演变固然十分重要，但如此的角度往往会使研究者忽视演变的具体条件、过程以及不同历史阶段和不同地区的特点。所以我们可以把眼光聚焦在成都，尤其是成都的街头。这样一来，我们能把视线集中在一个特定城市的特定领域，犹如在显微镜下把观察的对象放大，集中精力剖析社会、文化和政治的某一方面，从而得到宏观史学所难以企及的对社会的细微理解和精确把握。

更不用说，清末民初成都民众的经历，其实是大多数中国人艰难岁月的一个缩影，我们要谈到成都的民众和精英的活动，其实这也是在相当程度上体现了近代中国政治风云中常见的模式。这种成都公共空间与地方政治的密切关系，无疑也同样出现在其他中国城市之中，尽管它们的具体表现形式可能有所不同。

因此，可以说20世纪初成都街头所呈现的变幻莫测的政治风云，即便不能完全反映整个中国的剧烈动荡，也的确体现了社会和政治演化的一般趋势，因而不失为一个分析的典型。无疑，观察成都和成都的街头文化，将有助于我们深刻理解20世纪上半叶的中国城市，理解城市中的大众文化、下层民众、改良精英以及地方政治的复杂关系。

二、旧世界与新世界

在这几十年的动荡和变革的过程中，街头文化的一些特征消失了，一些宗教仪式（如祈雨）、大众娱乐（如木偶戏）、职业（如挑水夫）难以为继，但同时另一些新的因素却出现了，劝业场、购物中心、剧院、电力、路灯、自来水、汽车等等接踵而来。可是民众并不总是从这些改革中得到好处，有些新的措施和政策似乎是要改善老百姓的物质文化生活，但其结果并非如其所愿。而且，普通民众也并非乐意接受所有的变动，而是竭力保持他们熟悉和认可的生活方式。即使接受了变化，他们也仍然坚持那些世代相传的珍贵传统。虽然街头文化不可避免地发生了变化，但大多数传统特征仍然保留了下来。人们仍然将街头作为商业、日常生活和娱乐的空间，茶馆依旧是普通民众最欢迎的休闲场所，尽管这些活动受到了政府各种改革措施的规范和限制。

变革虽然经常体现着社会的进步，但进步并非即意味着给民众带来好处，甚至结果可能是恰恰相反。人们想象中的新的共和政体是一个"法律时代"，呈现的是"和平高尚"的"文明气象"，但这些热情的革命梦想并没有实现。社会的现实与人们的预期相差确实太远，这使许多人开始对当前的政治体制和社会状况表示怀疑。对大多数民众来说，思想意识和政治体制的性质并不重要，他们仅仅渴望恢复相对和平、稳定的环境和正常的生活。

精英们也对社会现实感到不满，认为社会秩序和道德日益恶化。由于对革命失望，以及革命后长年累月的战乱和社会动荡，许多人转而怀念革命前的时光。他们说："从前专制时代，讲文明者斥为野蛮，那时百姓所过的日子白天走得，晚间睡得。辛亥推翻专制，袁政府虽然假共和，面子上却是文明了，但是人民就睡不著了。袁氏推翻即是真正共和，要算真正文明了……不但活人不安，死人亦不安了。可见得文明与幸福实在是反比。"这些都是一般民众最直接和真实的感受，这种社会现实和人民的哀怨不能不说是这场革命的一个悲剧，这也真是对"文明的"共和制度的一个莫大的讽刺。在辛亥革命之前的城市改良中，"文明"便是精英们使用频率最高的时髦词汇之一。他们开始以为可以以改良趋近文明，后又相信共和制度会带给人民以文明，但总是一个个梦想的破灭。

成都人在经历了辛亥革命（1911年）、二次革命（1913年）、反袁战争（1916年）以及最为惨烈的城市巷战（1917年）之后，自身的处境和经验迫使他们对"革命"旗号下政治运动持怀疑态度，一些人甚至开始反思"革命之祸"的问题。很清楚，他们厌倦了动乱和恐惧。一成不变的传统社会被无休止的、难以确定未来的"革命"所取代，地方权力结构之变化已成家常便饭，这种变化总是以民众的利益和平安为代价的。下层民众的日常前所未有地与地方政治紧密相连。在民众看来，改造和重组城市的公共空间，比如修建新的商场、修建铁路、关掉一些"不合规矩"的茶馆戏院，不过是地方精英和政府扩张权力和获取利益的工具。在改良和革命过程中，无论他们是支持者或是反对者，社会的剧变给下层民众带来的也大多是痛苦。

这种理想和现实的严重分裂向我们提出一些值得深思的问题。过去我们在评价中国近代的革命运动时，更多的是着眼国家政治的演变，讨论的是历史的进步与倒退的问题，我们很少关心这种剧烈的政治和社会变化，是怎样影响一般的，特别是下层民众的日常生活的。

即使不少忧国忧民的进步人士坚信政治和社会的现代化最终是为了人民的利益，但我们却发现人民基本没有从那些政治的剧变中得到任何实惠，这是革命的发动者和支持者所始料未及的。改良精英对"世风日下"的社会状况也甚为不满，甚至像孙中山这样义无反顾的革命者也痛心疾首地叹息:中国推翻一个专制"乃生无数之专制"。当胸怀理想和展望未来的改良和革命精英，仍致力于改善政治和社会条件并不懈为之奋斗之时，一般民众却亲身经历了一次又一次失望，对卷入变幻莫测的政治从无可奈何到极端愤懑。

在长期历史进程中，人们居住在相对封闭但安定的城市中，普通市民拥有相对宽松的谋生和休闲的公共空间。社会的转型极大地扩展了政治空间，但下层民众日常生活的公共空间却相对缩小了。经常打着为民众利益而争夺政治权力的斗争和运动，造成了社会动乱并使人民处于动荡不安甚至水深火热之中。虽然"现代化"也给城市带来了较宽阔平整的街道、新的设施、相对"文明"的城市面貌，以及跟随时代的娱乐形式，但这一切的代价，却是民众逐渐失去代代相传的相对稳定的传统和生活方式。而且，新的城市的公共空间，常常也不是为了民众的利益，也并不容许他们对此享有平等的权利。所以，对大多数下层民众来讲，我们或许可以这样认为：他们失去了一个旧世界，但并没有得到一个新世界。

三、从成都的街头出发

那我们应该如何进入这样一段和大部分人过去认知不太一样的历史呢？我的方法是从微观出发，从成都的街头出发。那么，为什么是成都呢？

过去很多讲述中国近代史的著作大多集中在沿海地区，是中国近代动荡中受西方直接影响的地区，但内陆城市也并非独善其身。这半个世纪的全国性事件或多或少地影响了成都——这个长江上游的中心城市——的政治和大众文化。而这些影响，我们都可以在街头看到。另外，成都这个内陆城市的确比沿海城市受到较少的西方冲击，因而保留了更多的传统。如果我们想要看传统的中国大众文化和日常生活，成都是一个非常理想的对象。

那为什么我们选择成都的街头呢，以及什么是街头文化呢？

我认为，街头文化代表在街头出现的各种文化现象和活动，包括城市和街道的外貌、街头巷尾民间艺人的表演、集体的庆祝仪式、下层民众在街头谋生的方法等等，还有与街头有直接关联的店铺、茶馆和其他公共场所。下层民众的日常生活与街头紧密联系，他们创造并生活在这种文化之中。城市居民，特别是社会下层，依靠街头谋生、娱乐和举行庆祝活动。它是大众文化之重要部分，街头生活亦是过去下层民众日常生活的中心。

也就是说，这本书是从一个微观史的视角来进入中国近代社会。其实从事微观史写作，也是我研究历史的方法和史学观，出现转变的一个结果。

在前往约翰斯·霍普金斯大学攻读博士学位之前，我的研究方向其实更偏向于宏观。1993 年，我出版了《跨出封闭的世界：长江上游区域社会研究（1644—1911）》（以下简称《跨出封闭的世界》），这是对以清代四川为中心的长江上游的系统研究，可以说是一个区域性的宏观研究。而十年之后，我出版了《街头文化》，从更微观的角度来写成都这一个城市和近代中国的转变。

如果说《跨出封闭的世界》是从精英的眼光去看社会的变化的话，那么本书就是要从下层民众的角度，来探索现代化对他们日常生活的影响。从晚清到民国，经历了改良、革命和军阀混战之后，成都与中国其他城市一样发生了剧烈的变化。但学者们对这个变迁怎样改变了人们的公共生活却知之甚少。

所以我觉得更重要的，是关注成都的下层民众，注重传统的价值，而且把重点从对社会的全面考察，集中到对社会生活和社会文化，特别是大众文化的探索。我分析社会的演变，但更加注意下层人民的反应，以及他们与精英和国家权力的关系，并考察人们怎样为现代化付出代价，同时揭示他们怎样接受和怎样拒绝他们所面临的变迁。

既然说到下层民众和精英，我想在这里简单讲讲谁是大众、谁是精英。

我这里使用的主要概念是"城市民众"（urban commoners），指的是那些普通市民，这些人在街头寻求生计和娱乐，他们所创造和欣赏的文化是"庶民文化"（plebeian culture）。虽然他们的名字在历史上早已被忘却，但他们的确曾经是街头的主要占据者，并创造了丰富多彩的街头文化。

那么谁又是精英呢？在西方中国史研究领域，"elite"是一个常用词，但是它在中文中没有完全对应的词，一般翻译为"精英"。但 elite 的范围远比"精英"广泛得多，它包括士绅、知识分子、商人、大中小地主以及其他全部在地方有财富、有权力、有影响和受过较好教育的人（哪怕他们的财富、权力、影响或教育也许很有限）。因为我们暂且没有其他更好的中文词来表达，这里姑且还是用"精英"，但这里的"精英"与我们经常理解的思想和政治精英分子有极大的区别。成都精英阶层的代表是"社会改良者"（social reformers），特别是那些受现代化和西化影响的，并有意识地试图重建公共空间和重塑城市形象的那一部分人。一般来讲，这些精英继承了他们先辈关心"民生"的传统，并运用诸如赈济、教育、控制等方法来改造社会。但与过去的精英不同的是，他们都关心西学，有的还游历或留学海外，力图把西方或日本城市的形象转移到他们自己的城市中来。

在近代社会，精英、普通民众与地方当局之间有着错综复杂的关系。例如以前我们很少论及的普通民众之间的冲突。尽管他们在社区生活中紧密联系，但是他们也要为公共空间、谋生机会以及其他经济利益而斗争。尤其在近代的变迁中，围绕公共空间产生了太多的矛盾和冲突。当地人想要保持对公共空间的特权，而新来者又要努力开辟自己的生存空间。有意思的是，在传统的城市里，大多数争端不需要通过警察、法庭这些国家权力来解决，而是在街头或邻里间，通过自愿服务的邻居、指定的街首或德高望重的社区领袖的调停来解决。这便是成都社会自治的重要功能之一，这个城市有着自我控制和自我调节的能力。当国家权力缺席，这种能力便表现得十分充分。这种自治也给地方精英以极好的机会，施加和扩展他们的社会影响，并形成传统的领导权。

四、晚清民国成都历史的阶段划分

我把晚清民国成都的历史划分为四个阶段。在第一阶段，19世纪下半叶的成都，街头是民众活动的主要空间，他们实际上有着相当的自由，在公共场所谋生和娱乐。在街头，人们形成了民间传统和交往的社会网络。随处可见民间艺人的表演、地方戏、游行和节日庆典等等，各种自发的社会团体参与了这些公共活动的组织，从而建构了一种人们紧密联系和社会稳定的城市公共生活的模式。传统成都的街头，我们看到的是有力的地方文化和社会繁荣。这种繁荣体现了传统的城市社会管理模式，即精英支配街头和邻里，并在地方社区生活中担当领导角色。通常两者相互依靠，精英需要民众的支持来确立他们的领导地位，民众需要精英的权威来组织社区生活。这种关系成为城市自治的基础。

第二阶段开始于20世纪初晚清新政时期，这个时期精英们利用国家赋予的权力实施主要针对下层民众的城市改革。改良者认为传统文化代表着旧的秩序，因而是"落后的"。他们竭力推行各种变革，特别是改造街道以塑造新的城市形象，比如推广卫生的概念，比如警察制度的出现。在西方化的"文明"和"启蒙"的旗帜下，他们借助新政这个千载难逢的机会，扩展他们自己的文化霸权（cultural hegemony）。于是，20世纪初成为成都城市生活和文化变迁的一个重要时期，大众文化开始吸收精英所推行的新事物，诸如公共戏园、公园、展览会、新式茶馆等。但同时，大众文化有着强有力的持续性，即便是在改良中，下层民众仍然基本维系着传统的街头文化和日常生活方式。

第三阶段主要是在辛亥革命时期，这一时期虽然很短暂，但却是一个重要转折点。在上一个阶段，晚清新政时期，是地方精英同国家联合管理民众，但到了革命时期，当国家权力危及精英和民众的共同利益时，地方精英又与民众结盟以对抗国家权力。革命后的政治不稳定，军阀混战引起政治割据和社会动荡，街头的主角变成了武装的军人，他们甚至把街头演变为战场。民众不得不再次寻求精英的帮助，重组地方社区，以维持他们的生计和生存；同时，精英也迫切需要民众的支持，以阻止军阀和国家权力对地方社会和经济的进一步渗入。因为他们发现，依附于武装的军阀和强有力的政府没有给他们带来任何政治或经济的实际利益，反而削弱了他们在地方社会的领导权。因此，成都的民众和精英再次为了保护共同利益而进行合作。

第四个阶段是民国初期。在这个时期，精英的影响力下降，军事力量和国家政权开始直接深入到基层社会，民众日益处于国家权力的控制之下，而精英和国家权力之间的裂痕日趋扩大。比如在民初，城市改良精英反对国家企图摧毁而非"改良"大众文化的政策，强调城市文化的特点。毕竟这也是精英阶级日常生活的一部分，他们了解公共空间存在弊病的同时也意识到其重要的不可取代的社会功能。由于缺乏地方改良精英的热情支持，这恐怕便是激进的政府控制总是失败的主要原因，可见大众文化的旺盛生命力。

因此，我们看到，在清末民初的近代中国城市，下层民众、精英与国家权力，构成了变迁的三个主体，他们之间的关系也是错综复杂。但是在这复杂的关系中，核心却是国家如何尝试用各种方式影响大众文化。国家政权支持改良者、精英改革和净化街头文化，国家政权也直接参与压制和打击街头文化，而街头同时在积极地抵抗。其实，怎样评价和处理大众文化，总是地方政府和权势者关注的问题。本书即围绕着这个复杂的互动过程而展开。

第一章　有生命力的城市

　　成都在中国的历史上，既普通又有着代表性。可以毫不夸张地说，谈到中国城市，西安、北京、上海、广州绝不是典型，前两者是王朝首都，后两者是由于对外贸易而发展起来的。在成都这类城市的后面，则是传统的地地道道的中国城市。在这些城市中，有城墙，有城楼，有铺面，有宅院，小街小巷是城市的基本格局。在现代化之前，城市基本上是由市民自己来管理的，也就是说，是一个自治的城市。在这样一个城市中，街头是市民最可靠的、最经常利用的公共空间。在这个公共空间中，市民之间建立了紧密的邻里关系，他们把街头作为交易的市场，社交的平台，信息的中心。而在街头巷尾活动的小商小贩和各种手工工匠，给城市带来了生机，给市民提供了生活的方便，同时他们养活了自己的家人。因此，成都就是中国城市的典型代表。

一个城市，三座城墙

最显要的建筑是城墙

传统中国城市几乎都有城墙，但是今天几乎都消失了。建筑学家梁思成竭力拯救北京城墙以失败告终的故事，已经广为人知。成都的城墙虽然没有北京那么有名，但是却因为集三座城墙为一城而具有特色，但是它们都已经远去，仅仅留在了人们的记忆中。

过去的成都城墙是城市中最显要的建筑，环城22.8里，有城楼4座，城门4个，墙厚1.8丈，高3丈。东西门相距9.3里，南北相距7.7里。根据同治《成都县志·城池》，"乾隆四十八年，四川总督福康安，奏请发银六十万两"，彻底重修，周围"四千一百二十二丈六尺，即二十二里八分；垛口八千一百二十二，砖高八十一层，压脚石条三层，大堆房十二，小堆房二十八；八角楼四，炮楼四，城楼顶高五丈"。

1923年美国欧柏林学院（Oberlin College）的地理学家G.哈

巴特（George Hubbard）对成都城墙有这样的描述：

> 像大多数其他中国城墙一样，这个城墙并无特别之处，但这项工程代表着巨大劳力和材料的使用。从外面看，是一座底面为 4—8 英尺、顶面约为 2 英尺、有 30—40 英尺高的墙，墙上有齿形缺口，即作为射击的孔。里面是第二道墙，40 多英尺高，没有连接为一体以便于防守时卧倒。这墙也是用石头和砖做成，但以砖为主。内墙比外墙约矮 6 英尺，且顶部平滑。内外墙之间，土填至内墙的高度并成一定的斜度，上面砌有石板和大块砖。在墙的转角处真可谓一庞然大物拔地而起，外郭以石头和砖覆盖，外墙留有孔道以便枪击和观察敌人。

城墙是成都最高的建筑，站在上面可鸟瞰全城，"屋顶覆盖每一寸土地，犹如一片海洋，尽收眼底"。城墙起着保护城市和控制其居民的双重作用，但是与其修筑的初衷大相径庭的是，城墙还成为大众娱乐的场所。除了人们经常把城墙作为他们的日常活动空间外，成都的许多节日和庆典活动都在城墙上举行。

在整个清代，四个城门是成都与外界联系的唯一通道，东门称"迎晖"，南门称"江桥"，西门称"清远"，北门称"大安"。根据字面，我们可以看到都是选取了非常优雅和平和的词语。不过按照传统城门的文化含义，可以有一些大致的猜测。东门叫"迎晖"，因为太阳从东边升起；南门叫"江桥"，则应该是因为南门与城外的南河桥的连接；"清远"门则是站在城楼上，可以看得非常清晰和遥远；北门叫"大安"，军队出兵，一般都是从北门出发的，但是仍然希望有一个和平安定的城市。

四门都分别有一座高高的城楼，应该是过去城市中最高的建筑了，它们也分别有名称，东门城楼称"博济"，南门城楼称"浣溪"，西门城楼称"江源"，北门城楼称"涵泽"。

地理学家章生道曾研究中国城门的文化含义，指出东、南、西、北门分别与春、夏、秋、冬四季相联系，南门象征着温暖和生命，北门却代表着寒冷和死亡，盛大的庆典和仪式总是在南门或南郊，北门或北郊却与军事有关。城门通常在黎明开启、在晚间关闭，门卫盘查过往行人。关闭城门的时间也随时代的推移而有变化，从傍晚6点半延到7点半，再延至11点。1928年以后，城门在夜间不再关闭 。

大城之内套小城

成都城市布局的独特之处在于其大城之内另有两个小城——即满城和皇城，而且这两个小城都有自己的城墙。一首竹枝词描述了从市中心的鼓楼眺望所观：

鼓楼西望满城宽，
鼓楼南望王城（即皇城）蟠。

鼓楼东望人烟密，

鼓楼北望号营盘。

满城坐落在成都西半部，为满营驻地和满人聚居处，据晚清文人傅崇矩的观察，满城的形状有如蜈蚣：将军帅府，居蜈蚣之头；大街一条直达北门，如蜈蚣之身；各胡同左右排比，如蜈蚣之足。那个时候的满城，"景物清幽，花木甚多，空气清洁，街道通旷，鸠声树影，令人神畅"。

1913年，当局拆除了少城的城墙，将"大城"和"小城"连接起来，但是蜈蚣虫形的街道布局却还没有变。目前的宽窄巷子，就是这只巨大"蜈蚣虫"的两足。

英国女旅行家 I. 贝德（Isabella Bird）在 19 世纪末到达成都时，"从西门进入，穿过宏伟城门和绿树成荫的路，来到满城。满城是一个空旷的、到处是有围墙的菜园、树林环绕的地区，房屋大而破旧。街上的一些商店招牌写有满文"。

处于成都城市中心的皇城是汉朝遗址，明代时重建，为另一座城墙和御河环绕。皇城城墙呈矩形，也有四个城门，显出历尽沧桑的古旧气派。正门前有一巨大石牌坊，上有康熙皇帝手迹"为国求贤"四个大字。皇城的北门称"后子门"，东门称"东华门"，西门称"西华门"，南门为正门。我核对了手头所有资料，包括一些旧地图，没有发现南门的名字。在一些旧地图中，南门仅仅被称为"皇城"。但是，在明朝，南门又被称为"端礼门"。皇城

图 1　成都北门的人群。甘博拍摄于 1917 年的成都。

资料来源：甘博（Sidney D. Gamble）摄影收藏。美国杜克大学 D. M. 鲁宾斯坦珍稀图书和手稿图书馆（David M. Rubenstein Rare Book & Manuscript Library, Duke University）。

本书凡甘博所摄照片皆同一来源，不再一一注明。

中心是贡院，三年一次的乡试便在此举行。一首 19 世纪中期的竹枝词称：

> 蜀王城上春草生，
> 蜀王城下炊烟横。
> 千家万家好门户，
> 几家高过蜀王城？

城墙的消亡

在清覆灭之后，是保留还是拆毁城墙成为人们经常讨论的焦点问题。在争论过程中，城墙一般被认为是"落后"的象征，经过晚清和民国初期的改革和重建，成都大城和少城的旧城墙都遭到了巨大的破坏。随着人口的增长，四个城门已无法承担起交通枢纽的重任。人们开始抱怨城墙的种种弊端，有些人甚至认为旧城墙成为城市发展的障碍，他们的理论是：文明各国，大都无城墙，拆了城，有利于交通，促进商业发展。认为城墙是"闭关自守时代"的产物。这种认识，是与当时人们"新亦优""旧亦劣"的观念共存的，所以这种主张得到很多人的支持。有人提出成都至少需要八个城门，还有人建议拆除所有的城墙。

1913 年，开凿了位于西较场附近的通惠门（又称"新西门"），沟通了青羊宫和少城公园这两个成都最重要的公共场所，并由此开启了城墙消亡的历程。城墙的其他部分也被凿开，允许人们进出。1915年，位于东较场的武成门建成（又称"新东门"），连接上莲池街和下莲池街的复兴门（又称"新南门"）也于1939年打通。

除了城市建设对城墙的巨大破坏外，市民也为进一步毁坏这个古迹助了一臂之力。偷城墙砖的活动可以说是日夜进行，那里成为人们取得建筑材料的最佳场所。旧城墙被挖得千疮百孔，几乎没有人理睬它在那里的垂死呻吟。城墙中有许多从汉代到明代的古砖，上面饰有美丽的浮雕。因而，所有的人不论是居民、士兵还是军阀，也不论是合法还是不合法，都把古城砖拿回家去建房、铺街或修下水道。那些达官贵人更是贪婪地将城砖运回去装饰他们富丽堂皇的宅邸。

不过在民国时期，皇城最终还是逃脱了被拆毁的厄运。1917年的巷战，二千多名士兵占领了皇城，并把它当作堡垒使用。接着四川省政府进驻此地，后来好几所学校也搬了进来。1919年四川省政府及时阻止了皇城的拆除工作，并将其列为历史古迹。成都城墙的坎坷经历，折射出这座城市所经历的政治、经济和社会的变迁，也反映出传统的生活方式日渐消失的必然命运。

图 2 围墙缺口。甘博拍摄于 1917 年的成都。

市民自治，远离王权

天高皇帝远

法国著名年鉴学派史学大师布罗代尔（Fernand Braudel）力图回答"什么是欧洲的不同之处和独具的特点"问题时，他认为是欧洲城市"标志着无与伦比的自由"和发展了一个"自治的世界"。过去中外历史学家都普遍认为，中国是一个中央集权的国家，因此传统中国城市被国家权力紧密控制，人们没有任何"自由"。然而，如果我们进入到一个中国城市的内部、深入到城市的街头和邻里，我们会看到实际上市民们有着相当程度的"自由"，并非通常理解的完全被控制。现代市政设施在中国城市出现以前，街头成为邻里或社区最基本的单位。"街"的概念（如"街坊""街邻""街众"等）在人们之间培育了"邻里纽带"，强化了人们的城市共同体意识。

传统中国城市缺乏正式的市政管理机构，由此而产生的地方自治使社会各个阶层的成员都能较为平等地使用公共空间。普通民众在街头自由从事各种休闲和商业活动，与他人分享诸如街头巷尾、广场、庙宇、桥头、茶馆这样的公共空间。街头主要由邻里组织和保甲系统控制。街首和保正、甲正等头面人物从居民中挑选，尽管有时他们也代表政府履行一些诸如治安等"官方"职责，但是他们不是城市管理机器中的正式官员。清朝的地方政府很少直接参与城市的控制，这种管理模式对城市日常生活产生了深刻的影响。那些由街区邻里组织的活动清楚地反映出社区认同和自我控制的程度。正是因为精英没有官的头衔和权威，他们在管理公共空间方面的作用相当有限，其结果便是街头生活事实上并未受到太多的局限，这与过去我们对中国城市的"常识性理解"相去甚远。

　　是什么因素导致有清一代中国城市缺乏市政管理？其根源甚多，但最根本的原因是当时的政府结构。衙门的正式官员有限，无法满足控制辖区内庞大而分散人口的需要。例如，晚清巴县（即今天的重庆）只有两百多个衙吏，但总人口却超过了99万。另外我们还应该注意到，绝大多数衙吏实际上是"差役"，只是县衙雇用的跑腿，诸如壮班、快班、皂班、收发、值堂、跟班等，并非能司其责的官员。因此政府机构只能用于处理最重要、最紧急的事务，诸如地方的税收、犯罪、治安等问题。但即使在这些问题上，地方政府也甚感力不从心，根本无法把自己的触角深入到社会基层，而不得不依靠地方精英来组织社会生活和进行社区控制。其实，直到20世纪初警察的建立，国家权力都基本没能触及城市最基本的层面，市民享有相对较高的自治权，他们可以根据自己的需要在一定的程度上自由地使用城市的公共空间。

街邻是最基本的单位

在过去的中国城市，人们的社会生活局限在一个相对狭小的范围之内，以家庭、邻里（或街道）为单位参与城市社会的各种活动，由邻里和社区组织的活动强化了城市居民之间的社会联系。在中国城市社会里有着各种自治组织承担着各种公共的庆祝活动，根据哈佛大学人类学家华若碧（Rubie Watson）的研究，宗祠——无论在城市还是在乡村——不仅是宗族举行仪式的中心，而且是社区生活的重要部分。但是在有的城市，例如成都，宗祠的活动并未延伸到社区，而社区组织却扮演了重要角色。

如果说祖宗崇拜是家庭中最重要的仪式，那么神的崇拜对社区至关重要。神的崇拜一般有两种形式：个人和集体。对前者来讲，人们希望无所不能的神能保佑他们；而对后者来说，社区成员参加神的生日庆祝，则反映了社区认同，因此拜神成为一个社区的集体活动。这个活动主要是提供祭品和组织演戏。社区或宗族组织戏曲和木偶戏，为神和街民表演，这种活动便是社会共同体和谐的一种表现。一些城市的主要街道由街的栅门分为若干段街区，每年每区轮流负责组织敬神活动，各户都参与其中。以街道为单位的庆典活动实际存在于中国各个地方，只是可能它们组织的方式各有特点罢了。

作为四川省城的成都实际上也是一个高度自治的社会，市民在由地方精英引导的非官方组织的社会中生活。在成都，街道不仅是交通、商业和娱乐需要，而且是邻里凝聚的基本单位。精英卷入到社区生活的各个方面，从节日庆祝、公共卫生到慈善事务、道路维修。在一定程度上，街道连接着社会生活，成都街道的结构促成了这样一种凝聚力。在清代，据晚清知县周询《芙蓉话旧录》，成都划分为若干区，每区有一"领役"总司该区事务，下设"街班"负责一条或若干条街的民事，另有"海察"维持治安。这些人多为袍哥成员，对社会颇有控制力，加之"其时承平日久，四民各安其业，盗贼颇稀"。成都各街两头都有栅子，由一个栅夫看守，负责清晨开启，夜间关闭。此外各街还雇有更夫守夜。居住在同一条街的人有一种特殊的"情结"，或许可称为"街坊情结"，人们相互视为"街坊邻居"，经常互相帮助。他们的关系是如此密切，以至于人们常说"远亲不如近邻"。

社区的凝聚力

许多庆典和仪式都来源于这种社区意识。这些活动的举行可以有各种动因：民间传统、大众娱乐、黄道吉日、宗教仪式等等。例如，阴历一月十六成都民众参加"游百病"活动，将民间传统与公共娱乐结合起来，以此除病去灾。游百病须登高，但成都没有山，市民们便登城墙，由此又吸引许多小贩、算命先生、卖打药者在城墙上摆摊。这种广泛参与既反映了人们对疾病的恐惧，亦显示出对公共活动的渴望。从其结果来看，这项活动既是社会交往又是身体锻炼。阴历五月初五端午节是一个在更大范围内变成公众娱乐的社区庆祝活动。节日期间，人们在门上挂艾蒿以赋予其驱邪的愿望，社区组织龙舟竞渡，年轻人参加江中捕鸭比赛，市民们还在东较场举行"打李子"（即互相投掷李子）的狂欢。据一个传教士回忆，1895 年的端午节，"估计有六万人参加东较场的打李子活动，那里犹如一个战场"，妇女小孩都穿着鲜艳站在城墙上观看。

人们在清明举行传统的"城隍出驾"仪式，抬着城隍的塑像穿过街头，这个活动每年春天由社区组织。社会各阶层从地方官、精英到普通市民，甚至乞丐都广泛参加。据传教士的观察，"城隍出驾时，成千上万的人都出来观看"。同时用纸给"孤魂"做衣服，人们抬着这些纸衣在街上穿行，送到城外的坟地焚烧，称"寒衣会"，或"赏寒衣"，或"赏孤"。阴历十月初一城隍再次"出驾"。不少竹枝词记载了这个活动，其一："北郭城隍神至尊，清明旧例赏孤魂。游人欢喜买欢喜，几串携回媚子孙"；其二，"驾出三神万众观，北门门外赏孤酸。年年到得寒衣会，穷鬼齐添一段欢"；其三，"寒风十月念泉台，五色楮衣费剪裁。送去不愁强鬼夺，三城隍按北关来"。

马克斯·韦伯（Max Weber）注意到宗教形象在中国城市生

活中的重要作用，"充分发展的古代和中世纪城市中最为重要的
是其联谊组织。因此，作为一个通例，这些城市都有相应的宗教
对象为市民所崇拜，城隍便是市民通常的崇拜物"。在传统中国
城市中，城隍庙是很普遍的，然而并非每个城市都有城隍庙。城
隍庙一般仅建在行政中心，例如虽然汉口是华中的中心城市但并
无城隍庙，而成都却集五个城隍庙于一城，即在大墙西街的都城
隍庙、下东大街的府城隍庙和簸箕街的县城隍庙，因为成都是省
府、府城和县治的所在地，外加两个都城隍庙。这些庙宇不仅是
宗教仪式的举行地，也是娱乐场所。除来烧香的善男信女外，算
命先生、小贩、江湖郎中等都在此活动。市民视城隍为其保护神，
地方官也支持城隍崇拜。在成都，我们发现虽然政府和官方参加
"城隍出驾"的活动，但游行和表演的形式与其他大众宗教仪式
并无本质不同，而且整个活动也是由"城隍会"这个自发机构来
组织的，这种仪式成为大众娱乐的一种形式。

"清醮会"的角色

在成都，清明节的活动可能最能反映出社区的认同。社会
人类学者研究过清明节日庆祝的意义。根据孔迈隆（Myron L.
Cohen）对华北的考察，地方宗族组织"清明会"可以举行各种
仪式。这种庆祝活动强调的是宗族控制，清明会使宗族行为成为
一个整体。但在成都,类似的组织是"清醮会"（又称"土地会"），

图 3 抬行中的神龛。甘博拍摄于 1917 年的成都。

然而它们不是由宗族而是由社区组织的，负责筹办清明节拜土地神的活动。这些会几乎都是道教性质，传教士称之为"感恩会"（Thanksgiving society），认为这样的庆祝活动是"感恩于邻里的安宁"。会首由本街居民选举。

每年春天清明节之前，土地会都要集资雇道士打清醮，虽然会首会借机谋点私利，但人们的兴趣在于借此机会在街上开怀寻乐。庆祝活动一般要举行七天，此间从早到晚锣鼓声不绝于耳。一般来说，附近几条街共同承担费用和共建一个祭坛。较富裕的街道还会放火炮——又称"演灯彩"，雇木偶或皮影戏班子在街上助兴，并以敬土地神为名大摆筵席，其真实目的是集街众热闹一番。一首竹枝词生动地描述道：

> 福德祠前影戏开，
> 满街鞭爆响如雷。
> 笑他会首醺醺醉，
> 土偶何曾饮一杯？

土地会不仅是社会共同体内人们精神生活的组织者，而且在人们日常物质生活中扮演着重要角色。在清明节期间，土地会组织居民清理阴沟，掏挖水塘。成都由于周围环江且有河道横穿城市，虽然这提供水运的便宜和迷人的景色，但由此也带来了经常的水患。因而成都修有数十池塘如上莲池、下莲池、王家塘和马王庙塘等，以存积雨水和废水。清掏工作必须每年进行，否则在雨季将导致水灾。

然而在民国时期，地方政府控制了社区的公共生活并剥夺了土地会的组织之权，这项事务便无人理睬，许多阴沟池塘年久淤积、坏损，逐渐废弛。再加之人口增长，城市生态的恶化导致灾害频仍。如 1914 年春天，城西北部和少城遭灾，街道成为"运河"，以致人们以门板浮在水面当交通工具。关于这年的大水有许多详尽的记载。同年夏天，成都居民遭受更为严重的水灾，街上水流成河，一些街道水深达数尺。沿东南城墙、满城等房屋被淹。在水陆交通枢纽东门码头，人们可见各类物品漂流而下，若干艘船被浪掀翻，十余人溺死。沿河住民都慌忙迁往高处避难，渡船成为街上唯一交通工具。人们看到仅一天之内，便有三十余具尸体从九眼桥下漂过，此外各种房屋碎片、家具、木材、箱子、衣物甚至家畜等都顺流而下。水灾还导致部分城墙崩塌，靠墙住家多有死伤。

在晚清新政和辛亥革命之后，虽然土地会的影响逐渐降低，但许多事务诸如公共卫生、赈济、慈善等活动仍多由自治组织负责。慈善机构像慈惠堂、济贫会，在社会福利、道路维修、清扫街道等公共事务中非常活跃。如果说土地会主要在其街区和邻里范围内活动，那么慈善团体则有更大的影响范围。开粥厂是它们最主要的责任之一，每当有饥馑出现，即立灶煮粥分发给穷人。当自然灾害发生，社会共同体仍起着积极的作用。如在 1914 年夏的水灾中，当少城被淹，大量人家不能生火做饭，许多小贩也失去生计，慈善团体便挨家挨户登记灾情、捐钱和分发锅魁（现多用"锅盔"）；当米价上涨，而米店囤积居奇时，慈善团体在少城新开一米市以避免米价疯涨；当南门至东门的路失修，雨天泥泞，晴天尘土飞扬时，也是慈善团体集资修路。在这个时期，街首仍然扮演着组织社区生活的角色。

在晚清，像上海、汉口、重庆等大城市，会馆和行会是组织经济和社会生活的最重要的机构。在上海，会馆卷入社区从经济到娱乐的各项活动；在汉口，行会的事务和权力远远超过对会员和贸易的管理；在重庆，"八省首事"扮演着半官方的角色，负责税收、慈善和其他社会事务。与这些城市不同的是，虽然成都有许多会馆和行会，但它们的活动大多局限在商业事务，而组织社会生活则是由土地会和慈善会来承担的。它们作为一个社会单位在人们的日常生活中比其他任何组织都扮演着更为重要的角色。从民国到中华人民共和国成立，随着中国城市现代化的发展，国家逐渐取代了过去社会自治组织发挥的各种功能。

街坊邻居带来了安全感

街坊、邻里和社区

在中国城市中，"街"是人们共用的公共空间，经常与"邻"和"社"的概念联系在一起。这三个词非常接近，有时相互重叠或紧密联系。它们都具有物质空间和抽象观念的内涵。它们都涉及人们所居住的特定范围。

在中文词典中，"街"的定义是"两边有房屋的道路"，与"街道"完全相同。由"街"构成了许多其他词语，诸如"街坊""街市""街头""街头巷尾"等，在历史的语境中，其含义远远超出位置和空间，而经常体现居住这一区域的人之间，以及人与空间之间的关系。了解这三个词的概念，对我们了解微观的城市，是一个十分有用的切入点。

如果说"街"一般是指一种物质性的空间，那么"邻"和"社"虽也具空间之含义，然则更多地表现的是一种社会关系。"邻"的通常定义是"居住在附近的人家"，并发展有"邻里"和"邻居"

等词语。

"社"有两个基本含义：在古代，社是祭祀土地（神）的地方；在今天，社是组织化的结构。前者的含义发展成为"社会"和"社区"。更准确地说，中文的"社区"则表示一个包括许多街道和邻里的区域以及居住在其中的人们。正如《韦伯词典》（*Webster's Dictionary*）对 community 的定义中所说，即"那些享有同样权力、权利或利益，居住在同一地区受同一法律和规章管束的人们"。总而言之，从街道、邻里到社区，是一个空间含义逐渐减少而文化含义逐渐增强的过程。

成都以及中国城市的居住模式，过去便与西方有明显的差别。根据法国年鉴学派大师布罗代尔在其著名的《十五至十八世纪的物质文明、经济和资本主义》中的描述，在早期近代欧洲，像热那亚、巴黎、爱丁堡等城市都"朝着垂直方向扩张"，即在这些城市里，房屋总是尽量往天空伸展，多达五层、六层、八层乃至十层。而在过去的中国城市里，房屋多平行发展，一般一层或两层，人们的住家与街面经常只有一个门槛之隔，因此街头的商业活动很容易与市民的日常生活联系在一起。

谁是街头的主角？

在传统的中国城市，普通人是街头的主要使用者和占据者。成都居民把街头作为他们日常生活的空间，他们的房子与街头接近，因此他们的日常生活经常就发生在街头。成都居民的住所有公馆、陋室和铺面三种类型。公馆一般坐落在城北和城南，有围墙和门房，大多是富户和大家族居住，巴金的《家》便对这种公馆有细致的描述。有的大家族败落以后，公馆也被多个家庭共住，这种公馆多称"大杂院"。陋室散布全城各处，但大多集中在西城，为下层人们的住所。

沿街的房屋称"铺面"，许多是底层做店铺，二层做住家。但铺面里亦有大量的一般住家户。他们不用走远便可到街头市场购物，甚至许多日用品跨出门槛在街檐下的货摊上便可得到。一位旅居成都多年的英国人徐维理（William Sewell）写到，每当晚上，他所住的小巷"两旁已打烊关门的商铺前有许多小摊，点着一盏昏暗的油灯，橙子和花生整齐地码成一堆，香烟可成双成单地卖"。

笔者 2001 年 10 月在大慈寺后面的和尚街拍摄了一张照片（见图 4），显示当时成都市民仍然以街头作为市场，从照片中可看到，自行车既是运输工具，也是卖蔬菜人的货摊子。这些卖蔬菜和肉的摊子就摆在居民住家门口。左边还有一个"治鸡眼"的幌子。现在这个地方已经变成豪华的"太古里"了。

铺面在每一条街道的两旁，或为民居或出租给店铺，在东城商业区这种房屋多用作店铺。住在铺面人家的小孩，基本上就是在街面上长大的，那里就是他们的游乐场，所以成都方言里，在社会底层长大的小孩被叫作"街娃（儿）"。

图 4　和尚街的菜市。王笛摄于 2001 年。

住在街道两旁的人们在他们的门口和街边从事各种活动。如果他们有事找邻居，只要跨出门槛便可。不管是日常事务，还是紧急情况，他们都可以很快请到邻居帮忙。邻居之间一般的日常用品也可以借进借出。如果哪位居民感到无聊，他只要走出门就可以与邻居们闲聊。在街边的住户基本不存在隐私，为了方便进出，也为了让阳光和新鲜空气进入光线不足的内屋，面朝街道的门总是开着，好奇的路人也可以瞥一眼屋里的风光。

这种状态基本维持到改革开放城市大拆迁之前。一个朋友告诉我，他小时候住在单位大院里面，上小学时，不过十几分钟的路程，他几乎要走半个小时到一个小时，特别是放学的时候，沿街一家一户，都觉得好奇，会停在门口，看别人家里的生活，几年下来，对沿街的每家每户情况，家里多少人，起居有什么规律，喜欢做什么饭，经济状况好不好，夫妻是否和谐……都了如指掌。

普通市民是成都街头的主要占据者，由于缺乏官方控制，街头为日常生活、社会交往以及谋生，提供了许多机会。普通民众能够通过各种各样的方式谋生。生活条件差、休闲设施缺乏的人们，在街头巷尾或简陋的茶馆等公共场所，可以找到廉价的娱乐。

在 19 世纪西方的工业城市，按照著名社会学家理查德·桑内特（Richard Sennett）在其名著《公共人的衰落》中所说的，由于工作场所与居住地的间隔，在那里"住在城里不同社区的人们过着不同的生活"。但是在成都以及其他中国城市中，下层居民生活和做工经常是在同一区域里，他们在日常生活中接触密切，

图 5　街边的纺妇。甘博拍摄于 1917 年的成都。

逐渐形成了相互依赖的人际关系。

在邻里或街道上，人们彼此认识，遇到不认识的陌生人他们就会仔细地观察和打量。这些地方信息也易于传播。在过去的街坊，哪家哪户有任何事情发生，无论好坏喜忧，瞬间便可传遍整个街区。人们之间几乎不存在什么隐私。正是这样的亲密关系，给居民们提供了一种安全感。

居民们对小贩和工匠上门找生意并不感到烦恼。人们只需走几步就能到街头摊点、茶馆、小店和理发店，这些地方不仅提供日用品，满足居民的日常需要，而且也是社会交往中心，人们在那里互通信息。晚清成都有六百多个茶馆，六百多个理发铺，加上街头巷尾，便是人们社交和传播小道消息的好去处。

紧密的邻里纽带

这种生活模式下，人们相互信任，相互帮助，一个院子共用的水井，就是人们边洗东西边聊天的社交场所。如果家长有事出门，可以放心把小孩交给邻居看管；上班的人经常把钥匙交给邻居，便于家人回来进门……他们和附近的劳工、小贩也很熟悉。小贩在门口卖东西吆喝，他们也不会感到厌烦。

成都市民的日常生活非常依赖挑水夫，由于井水含碱量比较高，不适合饮用，市民饮用水必须从城外的河中取来，很多穷人以用扁担挑着两个木桶运水为生。茶铺、饭馆以及家庭都需要这种服务。在清末的成都，有上千名这样的劳动者每天从河里挑水，还有许多人从二千五百多口水井中取水，把饮水和日常用水送到人们家中。几乎每条街上都有他们挑水所洒下的水迹和汗迹，人们可以看到他们古铜色的流着汗水的后背，有节奏地闪进千家万户。

这些挑水夫将这个行业的一些优良传统保留下来。成都的老人今天回忆起挑水夫仍充满感情和美好记忆。当代著名作家何满子，抗战时住在成都，他回忆到，挑水夫多不穿鞋，这并不是他们为省下鞋钱，而是他们的"职业道德"使然，因为赤着脚，他们便能走到河中间去取最清亮的水。

对大多数挑水夫来说，挑水不仅是谋生，而且是一条与邻里和社区联系的途径，比如帮助老人或有患病者的人家做杂务。一名老成都人写到，他认识的一个挑水夫负责华兴街一带几十个家庭，总计百多人的用水。每挑来一桶水，他就在主人的大水缸上画一笔，五笔就是中文的"正"字，一个"正"字代表五桶水。到月底，每家的水费按"正"字的数量收缴。挑水夫和用户彼此信任，从来没有在支付问题上出现过混乱。

这种信任在成都很普遍，在这里，邻居彼此认识并且几乎每天都要发生联系。传统的、邻里纽带紧密的社区中，人们生活在一个无论是城市空间还是社会空间都彼此熟悉和平等的圈子里，人们的认同感和信任感非常强烈。随着城市的现代化，人们的物质生活质量提高了；城市空间结构的重组，导致传统社区结构被彻底打破和消失；无处不在的钢筋水泥，阻隔了人们的直接交往。

这也是人们为现代化所付出的代价之一吧。

现在的中国城市，随着城市的现代化，越来越多的居民住进了高楼，邻里间很少交往和互动，甚至和住隔壁、对门的人家，没有任何交集。毫无疑问，居住模式的改变，使中国传统城市社会中的那种紧密的邻里关系，正在一天天远去。虽然"街"是必不可少，但是"街坊邻居"正在以难以置信的速度消失，很可能在我们有生之年，这个词将成为历史。

日常的市场

十二月市

在传统中国城市，虽然街道的基本功能仍然是交通，但人们也普遍用其作为自由市场和休闲空间，可以说是最重要的公共空间。至少早在宋代，中国城市的商业活动就非常活跃，成都作为中国西部商业最为繁荣的城市，街头是除了店铺外最重要的商业空间，而且商业的发展产生了丰富的街头商业文化。

在古代成都便形成了街头月市，这成为重要的街头商业和庆祝活动，人们可以在一年内参加 12 个月市，即灯市、花市、蚕市、锦市、扇市、香市、宝市、桂市、药市、酒市、梅市、桃符市。尽管我们对月市起源并不清楚，但在元代费著的《岁华纪丽谱》里对这种街头市场便有生动的描述：

> 成都游赏之盛，甲于西蜀。盖地大物繁，而俗好娱乐。凡太守岁时宴集，骑从杂沓，车服鲜华，倡优鼓吹，出入拥导。四方奇技，幻怪百变。序进于前，以从民乐。岁率有期，

谓之故事。及期则士女栉比，轻裘袨服，扶老携幼，阗道嬉游。

清末文人庆余便写有《成都月市竹枝词》24 首，每个月市两首，生动地描述了这些每月一次的盛大商业活动。这些活动反映了繁荣的商业和丰富的商业文化。正如一首竹枝词描述的："灯市未残花市到，春风何处不相逢。"在这些月市中，花市最为热闹，当春天来临，花会会址青羊宫游人如织，正如一首竹枝词所称："青羊宫里仲春时，赶会人多密似蚁。"沿着锦江河，行人、马车、轿子络绎不绝，数百花店设摊卖各种奇花异草。成都人喜爱花草，当花会来临，"青羊小市卖花天，何惜缠腰十万钱"。花会特别吸引妇女，这样的日子对她们来说犹如节日，一首竹枝词中的妇女便"一夜闺中嘱夫婿，明朝多买并头莲"。花会实际上成了一个商品交易会，那里"货积如山色色宜"。

除了这些特殊的集市之外，成都居民把街头变成了日常的市场。商人、小贩没有任何限制地在街头出售商品。一些街道变成了专门化的市场，如盐市、鱼市、陶瓷市、棉花市、牛市、猪市、果市、花市、柴市等等，据一个西方人观察，"不同的交易分别占有各自的空间，有的街由木工、靴铺、皮毛铺、刺绣、旧货、丝绸、洋货等分别充斥"。

纱帽街经营各种戏装行头，因而优伶们是那里的常客。小东门街、娘娘庙、安顺桥则是买卖花的去处，人们去附近庙宇进香献花都在此购花，据说每天可售花千篮以上。刻字匠集中在盐道街，裱画师在藩司街，丝绸店集中在按察司街，会府为古董店，各种铜、木以及瓷佛像有售。棺材店多在东门附近的水井街和双槐树街，有二十几个之多。许多由此而得来的街名沿用至今，如盐市口、珠宝街、鹅市巷、棉花街、骡马市等等。

学道街则是书商的中心。日本人米内山庸夫在他的《云南四川踏查记》中描述了他怎样在学道街购得82套关于四川、西藏和长江的地理方面的书。东门外的一洞桥为成衣市场。一些著名的店铺也出现在竹枝词中，如草药铺纯仁堂、出售眼药膏的半济堂、出售高档中药的同仁堂等。有首竹枝词称"试问谁家金剪好？无人不道'烂招牌'"，就是说有一家叫"烂招牌"的剪刀铺质量最好，以这个作为店名，无不反映出成都人的幽默。

游动商贩和工匠

小商小贩不仅让城市生机勃勃、为市民提供了生活的方便，而且是城市文化的创造者和传承者。

在成都，有许多游动商贩，他们挑着担子沿街叫卖，街头就是他们的市场，就是他们的谋生地，他们的货摊可分为行摊、坐摊和地摊。他们也有同类打堆的习惯，如鼓楼街卖杂货，会府收破烂，布政衙门前居然是江湖艺人的天下，有吴好山《笨拙俚言》中的竹枝词为证：

图6　街边休息的挑货人。甘博拍摄于 1917 年的成都。

鼓楼杂货别街无，

会府收荒破烂俱。

布政衙前全扯谎，

人山人海是江湖。

当夜晚来临，交通不再拥挤之时，一些街道又变成了熙熙攘攘的夜市。东大街的夜市颇负盛名，从城守衙门绵延到盐市口，到 20 世纪初甚至扩展到走马街、青石桥，以及东御街。商贩们在那里出售百货，顾客行人摩肩接踵。毫无疑问夜市丰富了市民的夜生活。以前商铺都在夜幕降临前打烊，在夜市带动下，许多商店延长了营业时间。

夜市上经常有一些奇怪而滑稽的事发生。1909 年《通俗日报》上有一篇题为《夜市上有人卖人脚板》的报道十分有趣。文中说，记者在夜市上看到一个货摊上摆着一双人脚，由于上面敷满泥，看起来很像一对熊掌，他感到很惊奇，便凑近仔细观察，才发现那是正在打瞌睡守摊学徒的脚，因而叹道："店主雇如此学徒，怎可赚钱？"这篇报道不仅描绘了夜市的众生相，亦再次显示了成都人无处不在的幽默感。

街头不仅作为市场，实际上也成为工匠手工场。无论是在街角还是街沿，工匠们都可以制造产品就地出售。繁华商业区后面的居住区，成了产品的生产地。来访的西方人发现，在小街小巷总是民居和作坊间杂，"在每一居所总是在制作什么东西卖"。而且，像暑袜街和红布街这些街道的名字，也反映出那里生产产品的种类。一首关于红布街的竹枝词吟道：

　　水东门里铁桥横，

　　红布街前机子鸣。

　　日午天青风雨响，

　　缫丝听似下滩声。

　　美国地理学家哈巴德（G. D. Hubbard）也注意到丝织是成都的"大工业"，有着"成百的织布机"。纱帽街既卖帽子又做帽子，帽店和作坊密集。在这些作坊里，妇女纺棉纱或丝线，或刺绣、编织、缝纫，或做玩具、焚香、剪纸花以及上坟的纸钱。男人则编凉席，做木盆、桶、篮子、鸡毛掸子，或织布、织毯、做绣轴、制幌子，或做铁、铜、银的物件和饰品，或与女人同做手工。小孩从 8 岁甚至小到 6 岁起便成为帮手，他们纺纱、清理鸡毛、磨光木头、混合香料以及做其他无需技术的工作。这些家庭作坊的产品在其拥有的小店出卖或由其家庭成员沿街兜售。

　　虽然在 19 世纪末西方商品已渗入中国，但土产仍在地方市场居主要地位，"商铺中橱窗展示的多是中国产品"。而且成都的各种商业组织和服务机构诸如汇兑、银行等业务都由中国人控制。这与中国沿海地区西方经济的巨大影响，形成了鲜明对照。这是由于成都地理环境使然。长江三峡的险峻使船只由长江下游溯水而上非常困难，每年许多船只倾覆，造成运输成本非常之高，由此阻碍了西方对长江上游的开发。直至19世纪末第一艘西方轮船才成功地到达长江上游最重要的港口城市重庆。

店铺的装饰

随着城市商业贸易的发展以及市民对街头和公共空间使用的扩张，丰富多彩的商业文化得以发展起来，这成为一个城市区别于另外一个城市最明显的特点。这种商业文化反映在商店的匾额、装饰、商品陈列、店铺与顾客关系、财神崇拜、工匠工作方式以及他们独特的商业语言中，给人们留下了深刻印象。19世纪末一个法国人写到，他十分吃惊地看到成都的街道"甚为宽阔，夹衢另筑两途，以便行人，如沪上之大马路然。各铺装饰华丽，有绸缎店、首饰铺、汇兑庄、瓷器及古董等铺，此真意外之大观。其殆十八省中，只此一处，露出中国自新之象也……广东、汉口、重庆、北京皆不能与之比较，数月以来，觉目中所见，不似一丛乱草，尚有成都规模者，此为第一"。

几乎在同时，英国女旅行家 I. 贝德也描述了成都的街道和商铺："这个城市有着宽阔的路面，整齐的街道，各街呈直角相交，店面看起来比中国其他地区美观，特别是摆放着精细的金银制品的珠宝店和存列闪光蜀锦的绸缎店。"商业文化经常反映出该地区的宗教信仰、经济状况和社会传统。几乎每个商店都供奉财神，每天早晚店员都要敬拜。这些店铺也反映出当地的文化，正如英国植物学家 E. 威尔逊（Ernest Wilson）描写的"漫步成都街头，人们从各行业可领会到中国特色的文化教育"，商店的"金光漆亮招牌竖挂着，上面艺术体的大字显示店名和经营范围"。

前面提到的东大街是成都最重要的商业区，许多外国旅行者都记录了其繁盛。如日本人山川早水在其旅行记《巴蜀》中对东大街赞道："肆店宏敞，高轩绮窗。檐头悬各种招牌，长短参差，金碧炫目……商店的样式与北京相似，然这里更为洁净。"1892年美国传教士何忠义（G. E. Hartwell）从东门进入成都，后来他写道："沿东大街而行，从发光的油漆柜台和绚丽的商品陈列，看到了繁荣和祥和，并逐渐意识到在这个西部城市居然有着一条如此干净、宽阔和如此面貌的街道。在沿长江上溯漫长的旅途中，有此发现使我感慨万千。"

商人和小贩总是尽可能扩展他们使用的街头空间。店铺以其招牌、幌子、货摊、桌椅等把自己的"势力范围"伸展进入街道，那些招牌和幌子跨越街道两边、重重叠叠。这种场面亦成为城市景观和商业文化的一部分。各商铺保持着相互协作的传统，如夏天都统一行动搭凉棚以避酷暑，近人邢锦生的一首竹枝词记载了这种活动：

万商云集市廛中，
金碧辉煌户户同。

春暮日长天渐热，

凑钱齐搭过街棚。

派伙计挨家挨户地去推销商品是另一种增加销售的策略，那些店铺经常派出推销者到大户人家去找生意。我在中国第一历史档案馆的《赵尔巽档案》中看到过一本《稽查出入门簿》，记录了每个到四川总督私宅推销的访者，仅在1909年某两天里，就有20个商家去推销过商品，包括时钟、丝绸、帽子、纸张、毛笔、煤、油、药物、衣服、食品杂货、皮毛和银器等。可见那个时候总督大人的私宅也并不那么戒备森严。

20世纪以前地方官员很少控制集市、市场、小贩和店铺。由于街头远离官府的控制，这给予人们分享这一空间的机会，居民们尽其所能地使用街头。小贩们聚集在街头招揽顾客，这些小贩给城市生活带来了活力，无数的平民以此为生。我们可以想象，在传统中国城市中，如果限制了他们的商业活动，多少人将失去生计。如果这个城市没有了小商小贩，日常生活将变得多么不方便，城市景观将变得多么枯燥乏味。

小商小贩的自由世界

小贩的叫卖声

小贩是中国城市街头最抢眼的人群，他们为城市生活带来了活力、色彩和极大的生机。不过，成都人对自己的日常生活是司空见惯的，很少记载下细节，而外国人到成都后，便立刻被这种丰富的地方文化所吸引，留下了珍贵的记录。

美国传教士裴焕章（J. Vale）1906年写道："这个城市好像有数不尽的方式，让他们通过做小生意来谋生。"他估计成都街头大约有150种不同的小贩，销售食物、日用和妆饰三大类商品。小贩们的资金很少，利润又有限，但是他们的生意可得到迅速的回报。他们的商品不仅能适应各个不同的季节，而且可以根据买主的需要采买物品。老年人和不能做繁重劳动的妇女往往以此为生。

《通俗画报》1912年发表一幅漫画，标题是"炎凉世界"（见图7）。它的注释讲到，过路人在嘲笑卖水人的红阳伞，因为在清代，这样的伞仅供官员使用，但是现在它已经被降低等级，开始为下

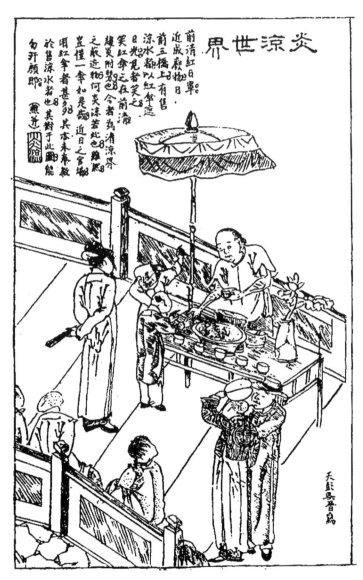

图 7 "炎凉世界"。《通俗画报》，1912 年。

层阶级服务。作者在这里使用的是双关语，即卖凉水者给路人提供凉快，但是革命后这种"高贵"的阳伞落到这步田地，真是"世态炎凉"啊！

每天清晨，各种各样的小商贩登上了他们的舞台——街头，从而在都市生活的交响乐中，开始了他们一天的表演。小贩们的叫卖声成为成都"城市之音"的重要组成部分。小贩们的吆喝，对当地居民来说，再熟悉不过。每一种小买卖都有其独特的叫卖方式。铜锣和铃铛是最常用、最能引人注意的工具，"当它们发出声响或被敲击时，居民们根据自己的经验，便会知道某种小贩的到来。"

小贩们带着货箱，大声吆喝，吸引买主来看他们的玉器、针头线脑、熏香和其他日用品，女顾客则为此讨价还价。如果是类似的商品，小贩们可以用不同的鼓声来加以区别：

卖菜油的小贩敲一面半月形的木制锣，卖芝麻油的小贩打一个瓷碟大小的薄黄铜盘，但卖其他食油的小贩摇晃拨浪鼓，卖豆腐的小贩敲个尺多长的空竹筒。卖甜食、玩具和其他玩意儿的小贩，最受孩子们欢迎，他们敲击一面直径大约20厘米的黄铜锣宣布他们的到来。那些经营刺绣和价格稍贵的陶器的小贩，使用的是直径比黄铜锣稍小一点的鼓，其敲鼓的方式独特而有味道。裴焕章写道："使劲地敲打一下之后，敲击速度越来越快，直到鼓声在风中持续不断地回响。这样，即使在几百码以外的买主也能听到。"

居民们能迅速地辨认出不同小贩和手艺人的叫卖声。一首竹枝词写道：

> 门外忽来卖货郎，
>
> 连铃鼓动响叮当。
>
> 婢供驱使娘弹压，
>
> 挑拣全凭女主张。

一位老茶客回忆当年买卖旧货小贩抑扬顿挫的吆喝声，记忆犹新："牙齿，牙齿，金牙齿;手表，手表，烂手表。要不要珍珠? 要不要玛瑙? 要不要珊瑚? 要不要茶壶? ……"

从早到晚，商贩们在街头来回游走，用他们独特的声调吸引顾客。黎明时分，城市被从茶馆、街边小店、手推车传出的各种杂音和小贩的吆喝声唤醒，街头巷尾到处充斥着"耙豌豆!"（耙豌豆就是煮得很软的豌豆)、"豆芽儿! "的叫卖声，这都是一般家庭最普通的菜肴。

夏天，卖驱蚊烟的小贩典型的吆喝声为："蚊烟，药蚊烟! 买香料的蚊烟……"这样的吆喝声甚至到20世纪六七十年代的成都还可以经常在街上听到。

"街头厨房"

卖食品的小贩，几乎到处都能摆摊设点——街角、人行道、寺庙，或茶馆外甚至官府门前。这些公共空地，都是他们支起货摊做买卖的好地方。

成都尤以美食闻名，特别是芳香可口的小吃，吸引众多食客。清末，外国旅行者把卖小吃的摊点叫作"街头厨房"（street kitchens）或"流动饭馆"（itinerant restaurants）。

那些街头食摊每天营业的时间很长，通常是从黎明到午夜。其设备很简单：一根扁担，一边挂木桶，里面放着锅碗瓢盆，另一边挂炉子。一个抽屉可以随意打开，里面装满了豆瓣、酱油、红辣椒、姜米、香料和泡菜等调味品。有的街头摊点也摆放了几张桌子和几条长板凳，但大多数顾客只能站着或者蹲着吃，人们也并不以此为不便。

普通人特别是体力劳动者是食品小贩的主要顾客。在路口有很多饮食摊为路人和苦力供应早餐，到这里吃东西的主要是轿夫、鸡公车夫、人力车夫和搬运工。在开始他们一天漫长而艰苦的劳作之前，他们需要一些"暖身的东西"。

他们喜欢吃鸡蛋大小、中间夹有黄糖的汤圆，正如一个传教士观察到的："三四个小钱就可以买五个热腾腾的汤圆，这将在早餐之前为走六七英里路（引者注：约20里路）垫肚。如果没有这顿温暖的小吃，贫困不堪的苦力是很少开始工作的，特别是在秋冬两季。"

一位外国旅行者回忆到，当卖油煎小吃的小贩经过街头时，"他们几乎不自觉地就会叫住他，品尝他的食品"。成都人喜爱吃油炸的、面粉制成的锅魁和油条。

另一种在劳工阶级中受欢迎的食品是饺子。在竹片编成的圆蒸笼或发亮的罐子里，饺子保持着热度，当他们"下市后在回家的路上或是在负荷重物需要一份快餐时"，就可以吃饺子。日落后到上床睡觉之前，居民们也喜欢走到外面买一碗面条，"滚烫的热度，可口的鲜汤，与顾客选择的作料一起调出美味来"。

小贩让城市有活力

卖日常用品的小贩也遍及全城，妇女们经常同他们讨价还价。卖花的小贩日夜在茶馆和街头出售篮子里的鲜花。卖鲜花、植物、首饰和外国小玩意儿的小贩，被称作"花担子"。

那些挑着货担或扛着麻袋在街上收购废旧书报、纸张和衣物的人，叫作"收荒"。在街头游走的书商把他们的书悬挂在"事先准备好的竹架上，在街头、茶馆或戏园子里走来走去，兜售图书"。

有些小贩只有在四川才能见到。一类是"装水烟"，在外人看来是"一种有趣的职业"。装水烟的人通常在茶铺、烟馆、酒肆、戏园和集市上做生意。他们待在那里，如果有顾客要吸烟，他们就把黄铜水烟壶和烟丝递上。

如果烟枪不够长，他们有备用烟管连接。这个方法适应了茶馆里十分拥挤的状况，那些水烟贩不用移动就能把烟送到顾客面前，方便为更多的烟客提供服务。一般的价格是两个铜钱抽五口，但一些烟贩也给顾客"分次吸食的权利，即当天吸两口，以后无论何时水烟贩遇见他，再吸剩下的三口"。

这种灵活的方式适应并满足了不同层次顾客的需要，即便是非常贫穷的人也能抽上几口烟。这种长烟管，在20世纪50年代的成都茶馆里仍然可见。

与"水烟贩"一样，"烘笼"也是地方物质文化的一种，由于成都的燃料昂贵，所以成都平原的居民们除了做饭外从不生火，以节约燃料。在冬天，一些小贩出售暖手暖脚的烘笼。

烘笼是手工编制的竹器，里面是由土陶罐做成的小炭炉，装有木炭或木渣，生着微火，以供取暖。暖手的"烘笼"，言下之意是用手捂着，但暖脚的篮子却是放在长袍下面的。远远望去，对外国人来说，看起来"就像怀着孩子的女人挺着肚子"。这东西简单而又便宜，甚至最贫穷的人也能买得起。

小贩们用各种各样的方式确保他们的生意顺利。无论是酷暑还是严冬，他们游走于大街小巷，竭尽全力地、不分昼夜地谋生。他们知道在什么时候、什么地方能找到买主，知道怎样以最低的价格进货，知道有多少利润就卖掉手中的商品，也知道怎样使他们的商品更能有卖相。

传教士徐维理（William Sewell）描绘过小贩们利用各种机会赚钱的情形。例如在成都遭水灾后，洪水刚退，"卖面条和豆腐的小贩就来了，他们敲着罐匙，噼里啪啦，吸引顾客"。

即使战争也不能让小贩们停下手中的生意。1917年成都街头的巷战尚未完全停息，小贩们就冒着生命危险兜售货物和食品了，而此时正规的商店不会开张营业。大多数小贩都努力挣"诚实钱"，但也有一些小贩雇人假装买货以诱骗顾客。有些小贩特别是卖糖果和食物的，用诸如掷骰子或抽奖的游戏来引诱过路人。这些做法被认为有欺骗性，精英们想方设法予以禁止。

　　无数的街头小贩与固定的商店将街道连接起来，极大地扩展了城市的商业空间，对形成城市活跃的街头文化产生了积极的作用。街头小贩、工匠、手艺人，以及各种临时雇工，为市民的日常需求而工作。如果没有他们，不但人们的日常生活会有许多不便，而且这个城市将会失掉许多生机，会显得沉闷而没有了蓬勃的气象。

第二章　欢乐与忧愁

　　传统中国城市的街头是一个自由世界。底层人缺乏资源，但至少街头还是能够自由使用的，官方极少控制，为穷人的日常生活和娱乐提供了必要的舞台，并能让他们在城市间勉强地得以生存。对于城市普通人特别是穷人来说，资源匮乏，私人空间逼仄，社会不平等。有相当一部分人在城市中苦苦挣扎，不仅被精英、官方所歧视，而且被底层人之间的争斗耗尽心力。由于贫穷，他们很难顾及自己的人格和尊严，在城市中卑微地苟活着。

"街头爆竹响愁人"

春节来临

过去城市的春节庆祝活动，社区扮演了极其重要的角色。现代化的冲击、居住模式的转变、流动人口的增加，削弱了社区的角色，社会日益原子化、流动化，春节庆祝逐步演变为一家一户的行为，人们的社区纽带基本上断裂了。

百年前的成都，也就是晚清民国初期，人们可以在许多层次上过春节，即家庭、邻里和社区。春节既是传统中国最重要的节日，也是大众文化最完全的表达。

节日期间，街头展示新的面貌，卖门神、"喜钱"、香烛的小贩在街上摆摊吆喝。"喜钱"是一片片红纸，又称为"喜门钱"。节日给成都手工匠"极好机会去证明他们的传统技术和价值"。

据这个时候来成都的传教士记载：沿街的房屋和商铺也带给城市节日的气氛，春联和圣谕贴在门上，"每扇门看起来像新的一样，尘埃一扫而净，还贴上五张红纸做成的'喜钱'"。带装饰性的门联一般在春节前贴出，表现了主人的心愿。

另一记录称，人们还在门神前焚烧喜钱以求来年发财，称"火烧门前纸"。这些活动也出现在竹枝词中：

家家门户焕然新，
都贴喜钱扫俗尘。
红纸五张装体面，
柴门也自见新春。

英文《华西教会新闻》（West China Missionary News）是这样记载 1905 年春节时候的成都的：

在街上人们都带着笑脸，挥动着宽大的袖子，行人都停下相互问候。穿着绸长衫和戴着红流苏帽的仆人忙着分送其主人的贺卡，店东们踌躇满志地漫步街头，小儿们手戴镯子和挂着狮子、金佛像等饰品。最引人注目的是三三两两的小姑娘们，穿着五光十色，面色粉红，头发扎向一边，额前飘着刘海，真像仙女一般。

过年的喜悦

春节期间人们喜欢户外活动。这时春天快要来到锦江河畔，穿着一新的男女们在街上互致节日的问候，如一首竹枝词所云：

锦江春色大文章，

节物先储为口忙。

男客如梳女如篦，

拜年华服算增光。

放鞭炮是节日最重要的娱乐，成都竹枝词也有描述：

街头爆竹响愁人，

肖像桃符彩换新。

堪笑成都迷信久，

年年交替说门神。

1909—1910 年印行的傅崇矩《成都通览》有幅插图，题目是《烟火架》（见图 8）。图上的说明称："火炮铺所造，形势恶劣。然商家开张，必藉此以聚客。每放一处，则阖城观者，均蜂至矣。实无谓之事。"我们可以看到，傅崇矩对放火炮很不赞同，透露了改良者对许多传统习惯的批评态度。

大年初一早上，人们相互拜年祝福，然而也有许多人将"贺春名签，多贴大门，不见主人而去"。春节给孩子们带来了无限的欢乐，他们也使这个城市增添了热闹的气氛：

儿童行乐及新正，

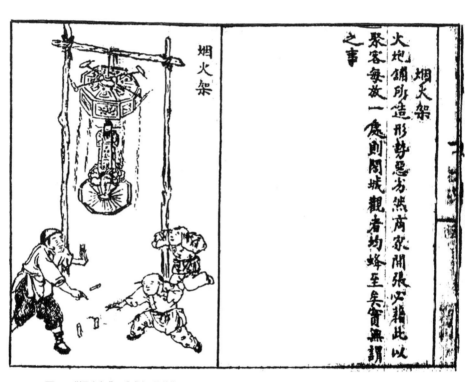

图 8 "烟火架"。《成都通览》，1909—1910 年。

击鼓敲锣喜气盈。

风日不寒天向午，

满城都是太平声。

扯响簧是过去春节儿童最喜欢的玩具之一，直到20世纪60年代仍然十分流行，可惜今天一般只有杂技演员用作表演了。据《成都通览》所载，"响簧以竹为之，用绳扯之，其声瓮瓮。小儿过年，争相购买。每逢腊月十六日起，四乡之业是者，均入城开售。"这里也说明此类物品，大多由乡村农户制作，然后入城销售，从一个侧面反映了城乡的依赖关系。

2015年秋天，我第一次去成都附近的彭镇观音阁老茶馆考察，便在茶铺的外面见到一个老茶客正在表演玩响簧。不过他的玩法有所不同，不要拉线，用手操作，响簧在身上随意滚动。周围有人观看，他就更是表演得起劲。我照了不少照片，有的非常有味道（见图9）。

春节也为曲艺、杂耍等江湖艺人提供了演出的舞台。因此，春节亦是城市繁荣最重要的表现。各种民间艺人在街头表演，据称是：

清唱洋琴赛出名，

新年杂耍遍蓉城。

淮书一阵莲花落，

都爱廖儿《哭五更》。

图 9　玩响簧的老人。王笛摄于 2015 年彭镇观音阁老茶馆。

这首竹枝词表明，在春节的时候，成都到处都是杂耍的艺人，还有各种民间演唱。"洋琴"即"扬琴"，过去人们认为这种琴来自西洋，故有此说法。"淮书"是指淮河流域的民间唱词。"廖儿"即廖贵，是当时成都的艺人，《哭五更》是其招牌节目。《哭五更》是一种民间小调，各地有不同版本，基调都是讲述新娘哭嫁之类，哀婉凄惨。

独特的习俗

在正月十五的晚上，人们习惯性地"偷"邻人菜园的蔬菜作为晚餐，当地称之为"摸青"。如果说平日这种行为是非法的话，在正月十五这一天"摸青"则视为理所当然。

店铺一般在大年三十关门，春节后开门时间取决于其经济状况和所择"吉日"。一些小铺在初一便开门营业，大部分在初五，有的甚至迟至正月十五。

当春节后店铺重开，都要敬财神、放鞭炮和在匾上挂绸。一些大店每天多下一个门板，称"提门"，直至若干天，甚至十几二十天后全部门板下完，称"大开门"。

当大多数店铺关门贺年时，小贩却忙着一年中生意最兴隆的时刻，他们向街上的行人兜售各种食品、水果、坚果、糖果、脸谱和图画等。各类工匠、生意人像制作衣服、食品、民间工艺、火炮的人，都利用春节展示和销售其技术和产品。

庆祝节日总是夹杂着宗教崇拜仪式。当春节临近，在阴历十二月二十四人们拜灶王爷，据说灶王爷在年前要上天去给玉皇大帝磕头，在除夕返回，人们则彻夜不眠，曰"守岁"。大年初一清晨，各家各户、各商店开门迎东来的财神。各店铺都换上了新门神，店内的尘埃扫除一净以把过去一年的不幸一同抛弃。

李劼人在他的《死水微澜》中，对春节期间的东大街便有很生动的细节描述：

> 东大街在新年时节，更显出它的体面来：每家铺面，全贴着朱红京笺的宽大对联，以及短春联，差不多都是请名手撰写，互相夸耀都是与官绅们接近的，或者当掌柜的是士林中人物。而门额上，则是一排五张朱红笺镂空花，贴泥金的喜门钱。门扉上是彩画得很讲究的秦军胡帅，或是直书"只求心中无愧，何须门上有神"，以表示达观。并且生意越大，在门神下面，粘着的拜年的梅红名片便越多，而自除夕直到破五，积在门外，未经扫除的鞭炮渣子便越厚，从早至晚，划拳赌饮的闹声越高，出入的醉人也越多！

有趣的是，李劼人在这里提到的"秦军胡帅"，我1997年在成都田野考察的时候，也买到了这样的门神（见图10）。传教士裴焕章（J. Vale）注意到："在众神中，门神为主，其为各阶级

图 10　门神。王笛收藏。

所供奉。"

节日期间，家家户户都备酒和鸡供财神和土地神，烧香磕头，说吉利话，如一首竹枝词描述：

> 只鸡尊酒算奇珍，
>
> 祭罢财神又土神。
>
> 只恐旁人忘忌讳，
>
> 不祥语至最堪嗔。

社区的庆祝

正月十五后，人们聚集南郊举行"迎喜神"的活动。由此可见，大众宗教仪式成为人们节日庆典的重要部分。

如果春节期间遇到下雪（这在成都是很难得的），人们更是欢欣鼓舞，喜迎瑞雪。有的会做一个雪人以锣鼓送到邻家，称"送雪童子"，这是给那些没有子女家庭的最美好的祝福。这种送童子的活动，最能反映邻里关系，表现了同一社区人们的一种相互依存的纽带和感恩心情。

春节不仅是家庭的重要节日，也是社区的重大活动。在正月初九，当人们敬"文财神"（又称"赐福天官"）时，各街的街首便开始办"上元会"，沿街向各户"化钱"。用筹来的钱在街上搭拱形的"白果灯"，下面可敬神和演灯影戏。这也是人们"求福"

的一种形式。各街还会举行一次全体街众参加的盛宴，并资助狮子龙灯表演。

节日期间，街上挂着五颜六色的灯笼，正月十五的元宵节实际成为一个"灯会"。这期间，无数美丽的彩灯装饰着成都，人们眼前是一片壮丽的景象。一名传教士写到：看灯的人们"拥挤在节日的街头，各街举目皆由粉红和红布妆裹"。节日的灯笼成了街头文化的一部分。灯笼一般由各色绸子和纸做成，形态各异，五彩缤纷，有各种花和动物等，人们用其来装饰门面。

在主要大街，"搭有横跨街头的台子，每隔一段一个，上有寓言中的人物，放有许多盆栽的花卉，有灯、烛和镜子"。还有许多用竹子做成的动物形象，如大象、狮子和梅花鹿。灯会吸引许多观众，正如一首竹枝词记述：

> 元宵灯火敞玲珑，
> 锦里繁华入夜中。
> 最是无知小儿女，
> 出门争看爆花红。

灯会期间，成都的居民会倾巢出动，人山人海。李劼人在《死水微澜》中便描述了顾天成带着女儿招弟看灯会的情形（不幸的是，竟然把女儿弄丢了）。因为要看花灯，绕道走小科甲巷。一到科甲巷，招弟就舍不得走了。一到城守衙门照壁旁边，便是城守东大街了。人太多了，顾天成只好把招弟背在背上，挤了进去。招弟在她父亲背上喜欢得忘形，只是拍着两只小手笑。

前面正在大放花炮，五光十色的铁末花朵，挟着火药，冲有二三丈高，才四向纷坠下来；中间还杂有一些透明的白光，大家说是做花炮时，在火药里掺有什么洋油。这真比往年的花炮好看！大约放有十来筒，才停住了，大家又才能够擦着鞋底走几十步。

同时，一个灯市在府城隍庙和科甲巷各街举行，真是"万烛照人笙管沸，当头明月有谁看？"许多男人也借机上街看那些穿着鲜亮的女人，一首竹枝词讥讽道：

六街莺燕带娇声，
朵朵莲花数不清。
到底看灯还看妾，
偎红倚翠欠分明。

灯会中最热闹的是"耍龙灯"，又称"烧灯"。《成都通览》中有龙灯的一幅插图（见图11），图中说明称："正月初九日方出灯，十六日止。乡间则放花炮，烧灯甚多"。这些龙灯用彩色的长布做成，有头有尾，由两人舞狮，十余人舞龙。爆竹声中的表演，

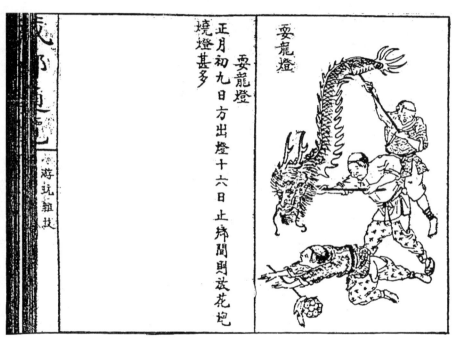

圖 11 "耍龙灯"。《成都通览》，1909—1910 年。

总是吸引太多人，他们从一条街到另一条，所经之处，观众投钱以示嘉奖，这个表演一般直至半夜。

这种活动是"岁岁皆然"。到民国时期，例如五四运动爆发的 1919 年，据《国民公报》的描述："龙灯、狮戏亦各十数部，所经街道，倾城夹观，左右如堵，亦有空巷之致。"

除此之外，耍龙灯者还应邀到一些富人的公馆表演，如果表演精彩，他们得到赏钱和"挂红"。巴金在其著名的小说《家》对此有生动描述：

> 锣鼓不住地响着，龙灯开始舞动了。这条龙从头到尾一共九节，是用竹条编成的，每一节中间插着蜡烛，外面糊了纸，画上鳞甲。玩龙灯的人拿着下面的竹竿，每个人一节。前面另有一个人持着一个圆圆的宝珠。龙跟着宝珠舞动，或者滚它的身子，或者调它的尾巴，身子转动得很如意，摇摇头，摆摆尾，或者突然就地一滚，马上又翻身过来，往另一边再一滚，于是很快地舞动起来，活像一条真龙在空中飞舞。旁边的锣鼓声正好像助长了它的威势。

巴金还描述了观看者是怎样故意把火炮朝着赤膊的玩龙灯人发射，虽然龙灯着火，他们不得不忍受被灼的疼痛。

一些精英指责这是一个"恶习"，因为这个活动经常导致伤人和火灾。巴金也借用主人翁的话对此严厉地批评道："你以为一个人应该把自己的快乐建筑在别人的痛苦上面吗？你以为只要出了钱就可以把别人的身体用花炮乱烧吗？"

虽然这个批评反映新知识分子对下层人民的同情，但也暴露出他们对传统民间活动的鄙视。这种对传统文化的态度不足为奇，它反映出当时新知识分子对民间文化的倾向性，类似的指责几乎在精英的文章中比比皆是。

马克斯·韦伯在研究城市时，指出传统中国城市居民没有"社会共同体意识"，因为他们把自己的家乡（通常是农村）看成是最终归属地，所以现代资本主义很难在中国发展。

为什么现代资本主义很难在中国发展，是一个值得探讨的问题，但是从上面成都春节庆祝活动看，韦伯的论断并不符合中国实情。其实罗威廉（William Rowe）的两本关于汉口的杰作也证明了这点。不过，根据我的观察，由于现在城市不断地拆迁和重建，人口流动的加剧，传统街坊邻居的消失，再加上商业化和全球化，人们的城市自我认同和社会共同体意识，倒是真的削弱了。

现代化把人们原子化了，虽然给个人提供了更多的机会去发展，去追求自己想要的未来，但是也削弱了人与人之间的联系和依靠。当社会真正地现代化之后，需要思考把人原子化的代价，重新考虑建立人与人之间紧密联系的方式及其途径。

街头就是极乐世界

街头的魅力

在现在中国城市的公共场所，大妈跳广场舞是一个随处可见的景观。这种在公共空间里休闲的方式，并不是改革开放以后开始的。自古以来，中国城市居民就喜欢在街头娱乐。

法国学者谢和耐（Jacques Gernet）研究 13 世纪杭州的日常生活，指出"市民就可以在街头看到很多的娱乐表演"，如变戏法、木偶、灯影戏、说书和杂技等。人们还可以看到许多流行的戏曲，"看戏的人们拥挤在一起"。各种娱乐形式使城市生活"与城外农村的贫困和农民艰苦、单调、俭朴的生活形成了鲜明的对比"。

在过去的成都，由于缺乏娱乐设施，市民们也喜欢聚集在市场、空坝、街角、桥头以及庙前庙后等找乐子。这些地方对一般百姓无论是居民还是外来者都没有什么限制。

他们邀约三朋五友，在桥头巷尾打发时间。正如竹枝词所描写的"呼郎伴妾三桥去，桥底中间望四川"，或者是"安顺桥头看画船，武侯祠里问灵签"。

斗鸡、斗蟋蟀及各种儿童游戏等活动经常在街头或其他公共空地上进行。斗蟋蟀在农历八月间最流行，小贩们把蟋蟀和南瓜花装在一个稻草编的小笼子里出售，总是吸引不少小孩争相购买。

三教九流聚集在新南门附近的"扯谎坝"，那里成为江湖艺人、杂耍、卖打药、诈骗术士等的聚集地，也成为下层民众的娱乐中心。在中国其他城市也有类似"扯谎坝"这样的地方，如天津的"三不管"和北京的"天桥"等。

庙前空地也经常用作大众娱乐和社会活动的中心，如白马寺、武侯祠、雷神庙等。人们喜欢在茶馆、饭店、酒馆里聚会，尤其是在节日期间，喝酒吃饭的同时也欣赏民间艺人的表演。

地方当局甚至对八旗绿营的训练场地也基本放任不管。成都有东、南、西、北四个较场，除了军队操练的时间外，居民可以在任何时候使用这一空间。居民对附近的军营似乎并不在乎。

日本人山川早水发现一个有趣的对比：街的一边是市民们悠闲自得地生活，而另一边的较场兵士们却在紧张地骑马射箭。西较场专为八旗兵、东较场则专为绿营操练之用，当街上带着弓箭和火枪的官兵骤然增多，市民们便意识到一年一度的会操又要开始了。

满城中的满营总是吸引市民们的好奇，邢锦生的《锦城竹枝词钞》写道：

锦城东角列营房，

细柳新栽护较场。

每当天光初擦粉，

数声军乐最悲凉。

川省的武举考试也在较场举行。除了会操和武举考试，一年中的大部分时间，较场便成为市民的游乐场。一首竹枝词描述了市民是怎样使用东较场的：

两会大操东较场，

风筝放过又乘凉。

茶瓜买向平芜坐，

演武厅前话夕阳。

小孩的游乐场

街头也是孩子们游玩的场所。春天，孩子们聚集在东较场比赛放风筝，经常在风筝上画些美人或马羊等动物的图案，外人认为"最有意思的是风筝相斗"。

传统中国城市的城墙和城门负责隔绝城市居民和乡民。这种隔绝，不仅是对活动空间的限定，而且从某种程度上划定了身份等级，乡民总是受歧视的那一方。当时四川已经有一批来自加拿大的传教士，他们的小孩在当地生活、上学，建了一所专门学校叫 Canadian School in West China。后来出了一本汇集这段相关历史的书，叫《华西有所加拿大学校》。

这本书的作者传教士 B. 布若克曼（Brace Brockman）对孩子们玩放风筝有一段生动的描写：一个乡下孩子在城墙外河边放风筝，风筝上画着一条有红色鳞的鱼。一个在城墙里的孩子，拉着一个鲨鱼形状的风筝，上面绑有一个利器，追逐乡下孩子的风筝。两个风筝线绞在一起，城里孩子熟练地把自己的风筝线围着乡下孩子的风筝缠了几下，然后轻轻一拖，城里孩子把对方的风筝线割断了，那鱼形风筝便成为他的猎物。

后来我读卡勒德·胡赛尼《追风筝的人》，当读到主人翁阿米尔和他的小伙伴哈桑从小在阿富汗的喀布尔玩耍的时候，几乎用的是同样的方法来追逐和猎取风筝，真是非常震惊和感叹。最近一些年，我在我的学术研究中，强调一个重要的观点，就是在不同的世界，产生的文化有时也是非常接近的，我们和其他文化的差别有的时候并不像我们过去所看到的那么巨大。当我们在不断地把自己与他人和他文化区别开来的时候，我们也应该用拥抱世界的态度，去多多地思考，我们和他们以及他文化有哪些可以相通的地方。

孩子们对手工工匠、小贩和民间艺人等在街头的活动非常感兴趣。木偶或猴子在街头的表演吸引许多小孩围观。他们还喜

图 12　庙里的神像和来访者。甘博拍摄于 1917 年的灌县（今都江堰）。

欢在街头看"西洋景"（即通过一个小孔看盒子里的图片），内容多是战争场面、杂志上的外国风景，甚至所谓色情的"春宫图"，因此成年人也经常成为"西洋景"的顾客。

然而晚清时期，孩子们也被告知在街上碰到"洋人"时要尽量避开。一旦看到外国人走进街口，充满疑惑的父母会立即把自己的孩子拽回家。外国人经常看到"孩子们的衣服背后缝着一块绿色的补丁，上面带着一个红色的十字。这是因为人们相信外国人非常敬畏红十字，不会伤害带红十字的小孩"。

显然，这种行为反映出成都居民对外国人的恐惧，也暴露出当时成都市民的排外情绪。在辛亥革命前夕，英国总领事在其照会中表示对孩子们佩戴这种红十字的关注，四川总督则表示要制定措施以避免麻烦。

关于神秘魔咒的传言并非成都独有。据孔飞力《叫魂》所引《北华捷报》的报道：剪辫人的谣传到处蔓延，"有人看到死人正披头散发地在街上行走，有的把辫子拿在手中。表明人们对外国人和其他可疑人等的出现相当忧虑……几乎所有的孩子都在他们衣服的领子上挂了一个红色的小包，或者在黄布条上写几个字，系在孩子的头发上"。

警察还尽力驱散在街头或公共场所聚集的小孩，避免他们捣乱。小孩子经常搞恶作剧来取乐，他们到处扔砖块、折树枝，伤害到过往行人。一些男孩子从城墙上扔砖头或石块，砸坏了别人家屋顶的瓦片。

如发现此类事，警察将把他们抓获，其父母则要在街首的监督下负责修好损坏的屋顶。警察要求父母要特别留意自己的小孩，因为在街上玩耍经常会出现受伤的情况。

1918年一个记者在《国民公报》上写到，他看到五六十个孩子在废墟里玩打仗游戏，他们彼此互投石头和砖块，一时"乱石纷飞"，还大叫"杀！""杀！"这显然是不久前军阀在成都街头的混战给他们的影响。

街头就是露天剧场

成都街头经常用来作为戏剧表演的舞台，以低廉价格吸引很多观众。一些流动班子甚至不用寻找真正的舞台，而喜欢在围满观众的空地上表演。地方戏是最受欢迎的娱乐形式，成都每年农历二月就会"沿街演戏"，称为"春台戏"，也称为"春戏"或"花灯"。

社区、邻里或行会出钱组织这些活动。正如杨燮的一首竹枝词所云：

> 庆云庵北鼓楼东，
> 会府层台贺祝同。
> 看戏小民忘帝力，
> 只观歌舞飏天风。

人们只要循着锣鼓的声音，就可以找到演戏的地方，聚集的观众在街道两旁站着或坐着观看表演。

有许多妇女也出来观剧，吸引了不少男人的眼球，因此有人认为那些男人并不关心剧情，而更注意围观的女人。

很多地方戏在庙堂前、行会或会馆演出。各会馆一般都有固定的戏台，被称为"万年台"。这些地方一年到头都有庆典活动。当地居民把这种演出称为"坝坝戏"，因为观众总是带着自己的凳子到街头空地或坝子里观看，据称是"千余台戏一年看"，虽然这个说法可能有点夸张，但也的确反映了街头演戏的盛况。春戏不仅吸引众多成年人，也吸引小孩，以至于有人抱怨孩子们看戏太多，而耽误了学业。

杨燮看来是一个戏迷，他写的一首竹枝词描写了看川剧高腔的情形：

> 见说高腔有荀莲，
> 万头攒看万家传。
> 生夸彭四旦双彩，
> 可惜斯文张士贤。

为了帮助人们理解这首竹枝词，他还写了一段不短的注释，说"荀莲"这个戏班子，特别受欢迎，"每一进省，则挤墙踏壁，观者如云"。他还对演员进行了点评，说他们"艺特超超"。如彭四"扮生丑戏，机敏圆活"，他曾经随总督去伊犁数年，回成都后"仍技痒度曲，不惯闲也"。还有曾双彩，"初出台时，貌美如花，一时无两，亦颇能画山水花草，见者欲以八百金买出之，班主不从"。张士贤"唱胡琴腔，一气可作数十折，吞吐断续，往往出人意外。性好读书，亦知作诗，茶园酒肆中，时与人论文字。灯下高声诵唐宋大家古文数篇，习以为常。"由于他满腹经纶，人们称他为"张斯文"。看来当时的民间艺人，其实也有可称之为文人的素质。

清代文人吴好山也写过高腔：

> 川人终是爱高腔，
> 几部丝弦住老郎。
> 彩凤不输陈四喜，
> 泰洪班里黑娃强。

"丝弦"指五种声腔的胡琴戏。"老郎"，是指成都老郎庙，就是后来悦来茶园那个地方，那里供奉着唐玄宗（人称"三郎"）。"泰洪班"以演三国戏闻名，"黑娃"是班子里的人气演员。

不仅仅是川戏

在成都，川剧无疑占有统治地位。不过其他各地的文化在成都也并非毫无位置，移民们带着他们的地方戏来到了这个城市。

例如，当会馆建成或行会庆典时，就会雇一些和尚来举行祭奠仪式和演若干天戏。陕西会馆便以演戏著称，如定晋岩樵叟的一首竹枝词所说：

> 会馆虽多数陕西，
> 秦腔梆子响高低。
> 现场人多坐板凳，
> 炮响酬神散一齐。

成都对陕西梆子很感兴趣，每有演出，观众们或是坐在长凳上或是站着观看。一般是爆竹声响三声，演出就开始。清人杨燮也描写过陕西会馆：

> 戏班最怕陕西馆，
> 纸爆三声要出台。
> 算学京都戏园子，
> 迎台吹罢两通来。

过去成都演戏，开场时间并不严格，但是陕西会馆要求准时，所以戏班子有点畏惧。时间是按照放"纸爆"（即鞭炮）为提醒，分头爆、二爆、三爆，如果三爆后不开场，下次便不再准许在会馆演戏。这个办法是从北京戏园子那里学来的，"先打头通，次打二通,又次打三通;三通打,则人齐开场矣"。打头通又称为"吹迎台"。

目连戏的人类学观察

地方戏的主题通常是浪漫的爱情、历险和神奇人物的故事,也有一些英雄和美人的历史传说。地方当局很少干涉这些演出。地方戏剧把儒家的忠、孝和贞洁等观念逐渐灌输给观众,对下层民众的价值观产生了相当的影响。

人类学家华英德(Barbara Ward)便指出:"戏剧是中国文化和价值观的具体表现"和"非常成功的老师"。尽管当局在大城市里比在乡村用了更多的力量控制地方戏剧,但是精英们仍然对地方戏中的非正统思想无能为力。

例如有一部名为《碎银瓶》的戏,讲的是晚明张献忠叛乱时,一个将军与侍女的爱情故事。这种介于正统与非正统之间的戏,在大众中也颇有市场。正如姜士彬(David Johnson)所观察的陕西目连戏一样,地方戏及其相关的仪式逐渐成为"传统中国非精英社会两个最重要的公共机构"。

虽然大多数成都的戏曲是世俗的故事,但像《目连救母》这样的与民间宗教联系紧密的地方戏也非常受欢迎。成都演《目连救母》之戏,称为演"大戏",又称"打叉戏"。按例,每年农历二月中旬后在北门外成都县城隍庙前"以巨木扎台演唱"。

目连戏有略本和详本两种，前者演十余日，而后者可唱至月余。目连救母载于佛经，事本出于印度，但后竟然成为中国传统故事。该戏有各种版本，情节也各异，但其基本结构是：目连之母因违背佛规，被阎王抓到阴间施以种种酷刑，修成正果的目连赴阴司救母。

演目连戏的特点是舞台和观众经常没有明确界限，给人以身临其境的效果。如耿氏自缢一幕，"以巨木悬耿氏者，撑出台外。饰缢鬼者，状尤惨狞可怖，从正殿上直出，由人丛中呼啸登台"。

戏中的打叉"绝技"很受欢迎，掷叉者"命中之技，不差累黍"。有时掷叉者还故意搞恶作剧，以纸做的叉扔向人丛，以惊吓观众。在演刀山时，"以巨桅耸立场中，桅身横束大刀数百柄，桅顶置一木板，纵横仅二尺许，刀口皆向上。上刀山者，赤其足，以刀口为梯，躞蹀而登，在板上作种种态"。

在戏台外还扎有一个"游台"，每一幕结束后，必有数人敲锣打鼓沿游台一周，下一幕方开始。从这些对目连戏的描述看，场面大、时间长、效果逼真，对观戏者有相当的震撼力，这可能便是目连戏经久不衰的原因之一。

据晚清知县周询所写《芙蓉话旧录》称，每年春演目连戏是因为当地人们相信，这个戏可以"被除不祥"，如果不演的话"则凶杀之案必多"。

街头除了成为真正的演出舞台以外，也被学者称为"街头剧场"（street theaters），人们在社会这个"舞台"上扮演着各种不同的"角色",街头成为日常生活、娱乐甚至政治抗议等活动的场所,反映出城市社会生活的"社会戏剧"。

这样的"社会戏剧"展现了城市民众与公共空间之间,以及他们与街头文化之间的关系。对于外来观察者而言,街头的人们——他们的表情、语言、姿态、服装样式以及行为——是一出无穷无尽的现实生活的戏剧。

真正的街头表演通过剧情与观众的结合来营造戏剧的氛围,正如姜士彬对目连戏的研究所证实的,戏剧向街头或场地的扩展,对观众而言故事变为更加真实。街头成为戏曲布景的一部分,从而将观众引入剧情,成为城市中每天都在上演的社会生活"大戏"的活跃角色。

让穷人有一条生路

都市的贫穷

如果我们试图观察都市的贫穷，那么乞丐——街头最常见和最不幸的人群——或许是最好的对象。与其他中国城市一样，成都的乞丐靠街头生存。他们在长期的乞讨过程中，形成了自己独特的组织、生存方法和生活方式。当农村地区有饥荒或自然灾害发生时，城里的乞丐数量就急剧增加。

传教士吴哲夫（Edward Wallace）写到，当他晚清来四川时，看见"许多瘦弱的乞丐，成群结队拥挤在城镇附近的道路上"。根据传教士裴焕章（J. Vale）记载，那时成都的乞丐数量至少达到 1.5 万人，还不包括那些住在各种各样的济贫院和其他机构的穷人和老人。谢立山（Alexander Hosie）描写了他在 19 世纪末到达成都的情景："数百个乞丐拥挤在东门外，我们非常费劲地从这些在桥上堵住去路、衣衫褴褛、蓬头垢面的人群中挤出去。"

当时有一种说法，在穷人中弱者变成乞丐，强者则成为窃贼或强盗。那些年幼的男孩女孩与他们的父母同住在污秽的乞丐棚里，"长大自然成为职业乞丐"。成为乞丐的原因各式各样，但大多是因饥荒、灾害、瘟疫等把他们扔到了社会的底层。

裴焕章对一个苦力怎样沦为乞丐进行了详细的描述，他知道"很多苦力在一周或者十天内沦为乞丐的事例"。假如一个苦力受雇从万县运货到成都，要走 14 天的路程。苦力在出发前会得到一定数额的报酬作为路费；他也许会留下一部分来养家糊口，但大多数情况是用来还清等候雇用时欠下的债务。如果一切顺利，到达成都后，他还会小有结余。这些钱加上雇主给的"酒钱"，使他能够乘船回家，或者等待另一次受雇的机会。但是，如果在路上他伤了脚或者染了风寒，他不得不雇佣另一个苦力来挑他的担子，因此当他到达目的地时，已经花光了所有的钱，在一座陌生的城市里待上几天后，客栈的老板就不允许他继续住了。这时他也已经当掉最后的衣服，一周内，他就在街头出现，手里拿着一只碗和一双筷子，用可怜的声音叫着："善人老爷，锅巴剩饭。"

在晚清都市改革措施的控制下，乞丐数量大幅下降，但民国初期再次增加。从东门大桥到一洞桥，挤满了乞丐，一般 8 至 10 人一群，该区的每个鸡毛店都容纳了上百个流浪者，他们中大多数在 20 岁以下。特别是成都周围郊县发生饥荒的时候，成都的乞丐就会猛然增加。

图 13　街上的穷苦人。甘博拍摄于 1917 年的四川。

对底层的救济

在前现代的中国城市，社会高度自治，地方政府并不直接插手城市经济和管理，这给了地方慈善团体巨大的活动空间，它们在帮助乞丐方面做过很多努力。

晚清时期的成都，东门和北门都设有粥厂施粥，每天一到两次，有两三万名乞丐领取。根据裴焕章的记载，在得到早晨的米粥之后，乞丐们便从东门或北门涌入城里，开始了一天的乞讨，"他们用铃、拨浪鼓或其他响器，来吸引店主、住户的注意，以对他们的悲惨状况产生怜悯"。

正是由于成都有许多救济乞丐的途径，竟然让乡下的人对成都有了一些可笑的想象。李劼人在《死水微澜》中讲到这样一个细节：天回镇的邓幺姑在去成都之前，问韩二奶奶："成都省的穷人，怕也很苦的吧？"而得到的回答却是："连讨口子都是快活的！你想，七个钱两个锅魁，一个钱一大片卤牛肉，一天哪里讨不上二十个钱，那就可以吃荤了！四城门卖的十二象，五个钱吃两大碗，乡坝里能够吗？"

这显然把乞丐的日子想象得太舒服了。的确，在清朝，甚至在辛亥革命后的一段时期，成都的四个城门外，有些小饭铺，把瘟猪和死猪的脏腑、死猫肉、死狗肉，甚至活鲜鲜的老鼠肉，凡是动物的肉，煮一大锅，专门卖给穷人或者乞丐。叫作"十二象"，意思是从鼠到猪十二生肖的动物全有。那些没有钱买肉的穷人，只能就此沾点油荤。

毫无疑问，精英们蔑视乞丐，因为他们看起来肮脏、懒惰、不知羞耻。当地报纸的一篇题为《对善举之意见》的文章，表达了他们对乞丐所持的普遍看法：

新年里一天，我有事出街，顺便带了些铜圆，打算散给那些贫苦的人。他们自然喜欢，我也心安理得，总比赌博输了还不免动气的豁算得多。晚间我回家，清理我那钱袋，却未动一文。原来我的意见临时又改变了。许多乞丐都是筋强力壮的少年，沿街乞食，岂是他们的本愿？但是有人乐善好施，便也容易过活，久而久之，他们不愿为乞丐的初心完全忘却，都已安于为丐，甚至乐于为丐，别的什么概不想做了。我给这般大的人的钱，看似救助，实在是在害了他们。更可怜的是一般贫儿，入世不久，不过几年便落到了托钵行乞。孩子们的心理又与少年不同，多半不满意现在的地位，若得人收容教导，未尝不想上进。如今只是给钱与他们，仍然离不了乞丐地位，那么他们成年之后，除了为盗为匪而外，哪里去寻满意的生活呢？我愿一般的慈善家，不必去作无意识的布施。可以大家筹划办几个小小规模贫民工场、贫儿学校，只要舍得淘神，哪有做不到的事业？

当然，作者提出的这种想法并不新颖，其实晚清成都警察关于乞丐的政策也是基于这种观念。

让乞丐在街头消失

在 20 世纪初的城市改革中，警察发动了一场针对乞丐的运动，使他们被收容进入官办的乞丐工厂中。但对某些乞丐而言，街头生活很有吸引力，他们痛恨在乞丐工厂里的受管制的生活，被强迫工作，他们则以逃跑作为反抗。裴焕章发现经常有这样的情况："刚刚开始行乞的男孩被拯救，他们洗了澡，穿上了干净的衣服，受到了几个月或一年的适当照料"，但是一有机会，"他们就会回到以前自由的乞讨生活中，显然，他们更喜欢这样的生活，而不是文明的束缚"。

不少乞丐从乞丐工厂逃走，警察则竭力把他们抓获，为此有人在报纸上撰文写道：

> 昨天早晨我走到总府街，看见一个警察把一个四五十岁的乞丐挡着。乞丐不晓得是什么事，就与那个警察作揖，要求放去。那警察始对他说："拉你到贫民工厂去吃饱饭。"乞丐听了这一句话，不晓得说何，就连三再四叩头。警察不允，也就把乞丐拉起去了。这件事在我们看来，自是乞丐的生机到了，然何反做起那万分不愿的现象呢？

的确人们很难理解这种现象。乞丐喜欢街头生活的原因多种多样、错综复杂，乞丐进入工场便失去了自由。有些乞丐更喜欢流浪的生活，不愿做"正当工作"，社会指责这些人"懒惰"。精英们也以不屑的目光看待乞丐，这样的态度在1912年《通俗画报》的两幅漫画中便表现得淋漓尽致（见图14）。一幅讽刺乞丐难以纠缠，吃惯了嗟来之食；另一幅把乞丐讥为"伸手将军"，称其"独发达于下等社会，坐食不做，无所不为，弄得日月无光。时在城市盗窃器物，手最长，又善抓锅魁。"

20世纪初在成都设立的习艺所、教养工场、乞丐工厂等，都是为培养乞丐能自食其力。但是，当整个社会状况恶化，乞丐的数量激增，超过了政府和社会收容帮助的能力，乞丐问题也只会变得更为难以解决。

晚清以来的这些计划，基本是由官方包办，如果社会能像过去一样积极介入慈善事业，情况可能会好一些。但不幸的是，整个民国时期，国家控制进一步加强，而给地方精英的社会空间日益缩小。因此，即使经常他们想对此有所作为，但也是心有余而力不足。

在这种情况下，当局也采用了一些变通办法，如民国初期，警察禁止街头乞讨，但给老年或残疾人发身份证明，用以领取救济。但是有些人却继续乞讨，甚至甘冒罚款或没收身份证的危险。那些有干活能力但仍沿街讨口的乞丐，被认为是好吃懒做和有伤

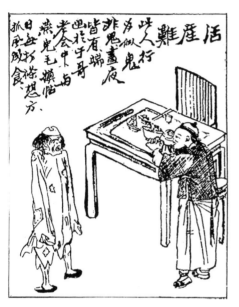

图 14　关于乞丐的漫画。《通俗画报》，1912 年。

大雅，被警察所追赶。警察命令所有的街区将乞丐送到乞丐工厂，有时每天达百余人。短短几天内，乞丐工厂里就人满为患。

在这种情况下，政府不得不开始调整收容政策，即对不同乞丐加以区别对待。乞丐一般可分为两种类型：一种是因病、年老或残疾而失去谋生能力的乞丐；另一种是以讨口为"职业"、不想做工的乞丐。

政府对这两类乞丐采取不同政策。政府不能对第一类乞丐提供经济支持，至少会给他们"行乞的权利"。政府多次努力让第二类乞丐从街头消失，使他们成为"有正当职业的人"。这些措施从晚清到民国时期一直都在实施，政府也不断根据新情况制定新政策。尽管条例和规定与时更新，国家也未能成功地将乞丐从街头清除出去。那些处于社会底层的人，利用他们有限的资源和能力与警察周旋，努力抵抗，继续在街头寻求他们的生存空间。

乞丐的求生之道

乞丐有各种求生的办法。在成都形成了这样的风俗，无论哪家有大事，婚礼或葬礼，都会有乞丐上门讨要食物和钱。更有不成文的规定，乞丐可以在每月的第二天和第二十六天向各商家要钱。店主认为这就像一种捐税，多多少少愿意给一些，但是在其他日子，他可不一定能满足乞丐的请求，除非乞丐们在他的门前赖着不走和惹麻烦。

想要从乞讨中有所收获，需要技巧和策略，坊间流传不少诸如此类的趣事。一个姓李的乞丐，与一群乞丐住在御河边上。他年轻且无任何残缺，只是衣衫褴褛，见人便伸手要钱，但鲜有成功。行人、饭馆伙计都认为他懒惰，并不同情他，终日被人驱赶，难得温饱。一天，一个老乞丐向他建议："走马街口那个瞎婆没人照顾，你何不把她背上，就说她是你的亲妈。'背妈行乞'，你就成了'孝子'，你每天要来东西吃不完。"李茅塞顿开，遂如法炮制，每天背着瞎眼老"母亲"沿街乞讨。于是乎"孝子背瞎老母乞讨"就成为成都人一道熟悉的风景：在拥挤的街角，他让"母亲"坐在台阶上，给她喂饭，路人为之感动。不少人带着食物和钱来，仅仅是为了看一眼"为母乞讨"的"李孝子"。

乞丐并不总是平和的，经常会有抢劫、偷盗和敲诈等行为，路人和小贩都可能成为其受害者。例如乞丐们经常在街上抢行人的食品和帽子，一个小贩在南门大桥卖桃子，二十多个乞丐抓起桃子，边吃边跑，那小贩对此毫无办法。有些乞丐被称作"恶丐"，他们用一些特殊的讹诈手法，迫使人们给他们食物或钱。当他们来到一家门口，如果狗跑出来，他们乘机把疥疮抓出血，然后指责是主人的狗咬伤了他们，向狗的主人勒索钱财。如果不给钱，他们就会躺在地上装死。最后，就会邀请丐头和街首来调停，这家人不得不付钱了结麻烦。

很多乞丐并不只是乞讨，他们还有其他的生存方式。根据裴焕章的记载，大约两成的乞丐"有一两种办法谋生，乞讨仅仅是为了补充收入的不足"。一些有手艺的乞丐会做一些像风车、口哨、木偶之类的玩具，"以非常便宜的价格"出售。还有一些乞丐收集羽毛做成鸡毛掸子，而另一些乞丐则在茶馆、小饭馆和鸦片馆收集烟头卖给烟草小贩。许多乞丐还从茶馆饭铺的煤渣里捡炭花，卖给街头的小吃摊。

会动脑筋的乞丐想尽各种方法获得食物。在使用电风扇之前，夏天的饭馆十分闷热。20 世纪 20 年代在东大街周围的饭馆里，人们经常可以看到一个乞丐和他的几个孩子，每人拿一把大蒲扇。父亲先给一个衣着体面的顾客打扇，然后又去给另一个顾客打扇，他的孩子则接着为前一位顾客扇风。那些顾客吃完饭，会给他们留些饭菜，有时还会给几个钱。据说，这个乞丐由于最先发明这种"卖风"的方法谋生，因此被人们戏谑地称为"风师"。

西方人还记录了成都一些奇特的景观："在街头行进的队伍里，乞丐给知县或省府要员的随从扛旗"，是他们经常可以挣点饭食和小钱的工作。无论是红白喜事，"前面总有一支很脏的小乞丐队伍，他们穿红戴绿，或其他引人注目的颜色，头上戴着奇怪的锥形帽子"。当代社会的人们，很难想象在威风行进的地方官的队伍前，体面家庭的婚葬典礼上，会有穿着破烂的乞丐夹杂其中，但这在当时是一个广泛认可的习惯，人们并不因此会觉得失了脸面。

当然，这种习俗到底是怎样形成的不得而知，我估计是否与传统社会中提倡社会救济和帮助穷人的"积德"行为有关。因为这些大张旗鼓的公共活动，主办人给乞丐们提供干活机会，给他们饭食和零钱，在邻里眼里不但不掉价，反而可能会是很撑脸的事。

唱"莲花落"（又叫"莲花闹"）是乞丐常用的另一种乞讨方式，逐渐变成最流行的乞丐街头表演。他们不拘形式、场所，语言灵活、幽默，往往能吸引不少听众。他们甚至可以就围观者的外表、行为借题发挥，或给人戴高帽子，或说吉利话，或引发同情心。如果有人户办喜事，或有店铺开张营业，他们都会不请自到来凑热闹。他们在街角、店铺、饭馆和茶馆门前表演，挣点小钱。

春节期间，他们在街头来回敲住户或铺户的门，唱喜歌讨"喜钱"。如卖肉的会给他们一些剩下的碎肉，一天下来，有些乞丐积累不少。一位文人因而吟道：

> 才购门钱又彩钱，
> 庭除净扫待新年。
> 贫儿只唱齐天乐，
> 博得豚肩乙乙穿。

作者在这首竹枝词后又注曰："岁终，乞人向屠门唱喜，屠者惠以肉片，有积至数斤者。"

"莲花落"的表演包含了一些来自现实生活的真实故事，有时甚至还流露对社会的不满。1917 年有人写了一篇《莲花闹记》，作者称他看见一个"疯丐"，其"头发蓬蓬，面颊熏黑，双目炯炯，颇似贼道中人"。他衣着褴褛，一手持一根打狗棍，另一手拿两片竹板，他边打边唱道：

春风二月春风吹，吹来吹去春将归。

手中拿着莲花闹，唱个歌儿抵肚饥。

蜀国年年命不臧，摩诃劫火变沧桑。

壮者流离老者死，九里二分也逃荒。

罗大将军威凛凛，还将电报拍中央。

这件事儿真好笑，"共和"两字不知道。

共和时代首重民，国民才是国主人。

为点权力胡乱搞，弄得主人不得了。

唉呀呀，天哪天，

如何要生若多人？偏偏又生在蜀川。

天下已治蜀未治，刀兵水火一齐担。

猛然想起喜洋洋，我今有个好主张。

不管世界甚公理，一切解决用武装。

不信请看德意志，再看日本据扶桑。

更有徐州大辫子，同着广州龙济光。

都是凭着火筒力，大摇大摆谁敢当？

我的歌儿已唱罢，茄子冬瓜一大坝。

你们还是少听些，我是说的疯头话。

据描写，他时笑时哭，指天划地，似乎有满腔悲愤。与其他乞丐不同的是，他讲的不是日常生活的有趣故事，而是军阀混战给成都带来的灾难，直接嘲笑强权军阀，指名道姓地批评军阀罗佩金、张勋、龙济光。他不但指责当今的所谓共和制度没有给人们权利，还讥讽了这个一切靠武力的时代。对发动第一次世界大战的德国和扩张的日本也予以嘲弄。尽管他称自己说的是"疯头话"，但人们不怀疑他是在借"疯"讽政。

丐头与丐帮

乞丐组织即丐帮，在他们的生存中发挥了重要作用。乞丐常常从属于一个三五十人的集团，有一位公认的帮主或"王"（晚清到成都的西方人称这些丐头为"King"）。据住在成都的西方人观察，这些乞丐组织为"地方长官所承认"，并向当局负责监督乞丐的行为。人们经常看见一位乞丐"王"站在东门外的桥上，"当他的手下出城时，向他们收税"。

这些丐头有五花八门的办法来控制其他乞丐，但也保护他们的属下，代理他们出头露面。因此这些丐头通常都是能说会道、八面精通、处世经验丰富的人。如三义庙一带的罗姓丐头，其特点是他有自己的"名片"，正式的头衔是"更夫"，名片背面列举了他的其他"兼职":挖坑、埋尸、找私生子、埋死婴以及其他事项。他如同身兼数职的官员一样"十分忙碌",甚至不得不委托属下做助手。这个故事告诉我们,有些乞丐在乞讨和自由劳动者之间的灰色地带生存。他们能提供一些正常职业所触及不到的特殊社会服务。

乞丐们甚至组成了自己的社区。民国初年,一些乞丐在北门城隍庙附近一块废弃的坟场,用竹子搭起许多竹棚,在那里住了下来,不少乞丐陆续加入其中,逐渐形成了一个"乞丐村"。1919年,一些"善人"筹款为乞丐建造简易房,此后这个地区就被叫作"徙流所"。这些乞丐的赵姓头目好打抱不平,关照老弱病残、妇女儿童,因而在乞丐中的威望颇高。而街首、保甲也乐意把一些事交与他处理。例如,北门一带的地区在街头发现尸体,就会通知赵找人掩埋。哪家红白喜事需要助手时,也会求助于赵。事情结束后他们可以得到几桶剩菜剩饭,大家饱餐一顿。

有组织的乞丐甚至有时敢于挑战当地有权势者。1928年,一群乞丐闯进了一川军师长的寿宴,上演了一出现实生活中的"群仙拜寿"喜剧。该师长为庆祝他50大寿筹备了一个盛大的宴会,雷神庙附近的几条街道都用彩纸、彩棚、各种灯饰装饰一新。成都很多重要人物前来捧场。二三百名乞丐突然出现在那里,包括拖儿带女的女人,举着一块写有"福如东海,寿比南山"红布寿幅。这些不速之客在沿河岸已摆好的几百张餐桌前坐下。虽然师长有警卫队,但他知道在他生日这天向这些来"祝寿"的"贱宾"

使用武力是非常不妥的。因此，为让那些乞丐离开，副官不得不与丐头商量，在答应送 20 挑残汤剩饭、两罐白酒、每人 100 文铜圆后，这些乞丐才撤出。

此时正是军阀横行时期，当大多数市民尽量远离凶恶的军人时，乞丐的行为可谓是虎口掏食。这也可以视为"弱者的反抗"的又一种形式，只要把握好时机，掌握好分寸，即使面对横行一时的军头，也常常可以有所斩获。而且我们也可以理解，乞丐是在为生存而挣扎，当他们饥寒交迫时，也经常甘冒风险。

消失的古城（增订本）

底层穷人的反抗

贫富的两个世界

任何城市都包含了反映阶级隔离的"社会地理"。如在成都，大多数穷人居住在城西，妓女集中住在五担山和柿子园，民间艺人生活在城东。在少城，虽然街道宽畅，但是路面没有铺砌，因而下雨便十分泥泞。住在那里的居民们，特别是妇女，"看上去状态不好，穿得也很不像样"。阶级和族群的划分几乎随处可见，在轿夫和他们的乘客之间，体面的顾客和舔盘子的乞丐之间，苦力和雇主之间，住在街边的"街娃（儿）"和四合院居民之间，都形成了鲜明的对照。

富人和穷人在生活上的差距，清楚地表现在地方文人的作品里，因为人们被划归为不同的世界，因此人们禁不住要问：

> 南文北武各争奇，
> 东富西贫事可疑。

图 15　背家具的人力夫。甘博拍摄于 1917 年的四川。

> 一座城中同住下，
>
> 然何分别竟如斯？

其中"南文北武"，是因为城南有文庙和书院，城北有驻兵和练兵的北较场。成都东边是东大街，成都商业贸易的中心地；而西边的满城却很萧条，因为满人不事商业。

幸运很难光顾穷人，即使是春节也不能带给他们快乐。节日来临，穷人们却担心果腹的食物外加上门的逼债人，"商量入市营柴米，门外先来索债人"，真可谓是雪上加霜。在节日期间，他们日子非常难过，正如清人吴德纯所写：

> 愁听长街击磬声，
>
> 惊心岁短倍伤情。
>
> 可怜案上无杯酒，
>
> 也向神天祝太平。

在这首词下，作者做了一个注："贫人无以御冬，亦必焚香祀神"。在这些记录里，我们可以感觉到一些地方文人对社会不公的批评和对穷人的同情。

街头可能是透视穷人生活的最佳地点。不幸的人们喜欢公开讲述他们的悲惨故事——丢失了钱，穷人遭恶人欺侮，家人生病等等——以获取路人的同情和帮助。

正如一位在成都的西方观察者指出的："研究大城市的生活，没有一个地方比省府更为合适的了，因为在那里你通常可以得到一切你想得到的东西——富有阶层的奢华和荣耀以及穷苦阶层的沦落和贫困。"

无路可走的穷人

西方人的记录客观地表达了成都各阶级的差别，这种差别常常在街头暴露无遗。在街头，人们经常能看见躺在地上生病或垂死的苦力。不止一次，有穷人在茶馆歇气时死在那里，苦力由于饥饿在街头失去知觉，但是其他人却认为那人仅仅是在休息。

传教士裴焕章（J. Vale）指出，那些小贩和农民常常用来吸引路人注意的"最奇特、最便宜的办法"，就是"用稻草或竹子缠出来的小圈"，这个小圈的意思是这件东西待售。他看到一个穷苦力"在一个棒子上缠着稻草圈沿街行走，这说明这个棒子就是他唯一所有，他已经穷得不能再穷了，离乞丐只有一步之遥"。

有些不幸的人，除了卖掉自己已经无任何东西可卖，饥荒时节，裴焕章看到一个男人"辫子上插着稻草，沿街游走"，这表明他是在"出售自己"，裴焕章认为这是"一种非常凄惨的景象"。

在民初的军阀混战时期，很多来自灾区的难民聚集在西城门外，每有米贩经过，有的以帮忙推车上坡为名，有的则明目张胆地划破米袋盗窃大米。

20世纪20年代初,流浪汉发现各自难以谋生,于是组织成团,往往几十个人一伙,到处觅食。一次,十几个穷女人突然抢了会府南街一个煎饼店的煎饼,一边跑一边狼吞虎咽。在餐馆,饥饿的穷人站在顾客身后,顾客一吃完,他们马上就"风卷残云"地吃掉他们留下的残羹,即便饭店伙计拼命驱赶,他们也置之不理。可以说这个时候的成都,是一个穷人的城市,饥饿的城市,大众在不满和愤怒中生存。

穷人在公共场所经常受到有钱有势者的欺侮。地方文人刘师亮在他的《哀黄包车夫歌》里,以深重的笔调叙述了这样一个故事:

> 黄包车,
>
> 快些走,
>
> 先生今天会朋友。
>
> 先到新化街前去出席,
>
> 后到望江楼上吃花酒,
>
> 转来顺过九眼桥,
>
> 毛家公馆推牌九。
>
> 问问路,
>
> 二十里,
>
> 铜圆一吊就足矣。
>
> 争多论少意何为?

你把先生瞧不起。

先生不是普通人，

立刻就要医治你！

车夫争钱太无耻，

骂声车夫你该死！

不去当兵来拉车，

给你几个嘴巴子。

打得车夫无言答，

垂头丧气面如死。

不见军警干涉坐车人，

只见车夫两泪汪汪流不止。

流不止，

何所使？

呜呼呜呼吾同胞，

"革命区域"有如此！

刘师亮的故事生动地描述了人力车夫谋生是多么艰难，也揭示了富人对穷人的欺凌，同时亦透露出对阶级压迫的尖锐批评、对强者的谴责以及对弱者的同情。

我们看到，军阀所标榜的"革命区域"，实际上是一个无法无天的世界。这个时期由于地方军事力量刚崛起，显然不能控制地方恶势力。

"弱者的武器"

民众不能从法律上获得足够的保护，但是他们将一些日常的抵抗方法作为"弱者的武器"。

在成都，轿夫是街上最易见到的群体。轿子是当时主要的公共交通工具，抬轿是一种最常见的传统职业。1916年，成都有四百九十多家轿行，如果只按每家十乘轿子算，总数也接近五千，可见从业人数之多。

轿子有各种类型，如"街轿"，即两人抬之轿；"三班"，即三人抬之官轿，有"平顶冠""纱帽头""一匹瓦""鸭篷轿"等名目。

三人轿的杆要调整到适当的位置以均匀分配重量。一般走了二百多步之后，轿子的重心从一个人调整到另一个人，这样抬轿者可以轮流休息。如果跋涉时间长，或是乘客太重，就需要四人轿。

毫无疑问，抬轿子是一件非常辛苦的事，但是轿夫们仍然可以通过炫耀他们的技能来获取快乐。他们抬轿的风格分成"平杆"和"拱杆"。后者又有"峨眉俏"和"鹰爪子"之分，要把乘客抬得像屋檐一样高，很是威风，但也有危险。

有些顾客喜欢坐在"拱杆"轿上炫耀自己。当轿夫抬着轿子在街上呼啸而过时，他们十分得意。但轿夫用拱式抬着乘客在街上快速行走，不仅经常撞倒和撞伤行人，而且有时自己也会跌倒。

轿子的样式和轿夫的抬轿方式给外来客留下了深刻印象。一位传教士写到，这个城市"到处是在任和退休的官员，他们坐在轿子里，飞快地在街头穿梭。轿子非常特别，因为长杆被弄弯，轿子的主体搭在弯杆顶部。抬轿时，这样的轿子被高高举起，越过人群的头顶"。

轿夫抬轿时，后面一人无法看路，遇有情况，全靠前面的人以行话提醒，这形成了他们独特的语言，一般是有节奏的押韵短句，充满幽默。这不仅可以帮助维持协调，而且可以减轻疲劳。例如：

当孩子挡了路，领头的轿夫可能大喊，"地下哇哇叫"，后面的轿夫就会回答，"请他妈来抱"。

如果遇妇女，则说"左边一枝花"，答曰，"赶快让开她"。

有泥水洼时说"稀泥烂窑"，回答，"踩稳莫跳"；或者说"天上明晃晃"，答，"地下水凼凼"。

当转弯时叫"狮子拐"，答，"两边甩"。

当道路危险时，说"斜石一片坡"，回应，"踩稳才不梭"。

如果地上有畜粪，说"天上鹞子飞"，答曰，"地上牛屎一大堆"。

真是幽默风趣，成为街头文化和下层民众活动独特而生动的表现。

富家一般有自己的轿子，"大班"即是富人家长期雇佣的轿夫。虽然他们的情况比在街上招揽生意的轿夫要好，但是他们仍受到蔑视。

例如在改良人物傅崇矩所编的《成都通览》里，大班被描述成粗鲁轻率，冒犯行人，故意晃动轿子使乘客不舒服，从街边货摊上偷拿东西，甚至在雇主的地盘上打架，给主人"丢脸"。

傅崇矩似乎对此深有体会："主人之所以雇轿夫者，为有事也。此等人每每好逸恶劳，或每天抬过两三次，如再命驾，伊等必怨声载道，任你如何着急，伊偏要煮饭，或主人候他吃饭出恭，或大声发怒，或言活路多了，种种讨厌，难以笔述。"轿夫用他们的行为方式表达了对生活和工作条件的不满，间接地抗议他们受到的压迫。

有些当地报纸记载了轿夫们的痛苦和他们所忍受的社会歧视。虽然轿夫们可以在街头通过自己的行为表现出他们的能力，但实际上他们经常被骚扰、侮辱，甚至成为受攻击的目标。

尤其是街头流氓，经常找轿夫的麻烦。一次两个轿夫正抬着一个妇女，两个恶棍突然推了一下轿夫的肩膀，想把轿子推翻，这引起了一场严重的打斗。

有时，即使是街头的一条狗也会引起意想不到的后果。1912年在《通俗画报》里，有一幅题为《狗翻女轿》的漫画（见图16），描绘了一条狗穿过狭窄的街道，撞倒了轿夫和一名妇女，看得旁观者目瞪口呆。

1922年《国民公报》的一篇名为《两轿夫被鬼揶揄》的报道，讲述了一件更为离奇的故事：

　　二更时，有两轿夫抬着空藤轿经过少城桂花街，突见迎

狗翻女轎

通俗報幣判九月九日
此打金街有一乘女
轎遇着一只大狗
跑得狗亂し除多舁一
隻ニ情了的狗横街過
去軟了夫郎し勁達
今舁轎跌街訂心大怕
而慌不左把菁女轎
亂忙奔田邦女太忙
幸幸轎不里坐□

图 16 "狗翻女轎"。《通俗画报》,1912 年。

面一人头戴草帽脚蹑草鞋而来。轿夫问曰：先生坐轿否？答云坐到皇城边，即掀帘进轿中坐。轿夫忻然抬起，走经靖国路，转八寺巷，至板桥子。两轿夫不知如何竟抬下御河，泥水淹过半身。而行幸遇数人持火把过河边上，闻河下踢踏喘息声，踩左，踩右声，以火照之，呼登岸，两轿夫始恍然如梦醒来。众询其来历，轿夫述如前情。揭帘视之，轿中并无人焉。众骇谓曰，殆遇鬼耶？轿夫惊惧踉跄而去。

这件逸事最有趣的部分是严肃的《国民公报》的评论，"此鬼亦太恶作剧，竟揶揄及于轿夫"。

我们很难判断到底发生了什么，但无非有两种可能。一种可能故事是真实的，某人以如此的绝技来捉弄轿夫；另一种可能就是它从未发生，而是那些想要把下层民众作为取笑的对象而捏造的故事。

在成都，街坊流传的许多故事都是以农民、妇女和未受教育者的愚笨为中心的。这个故事或许就是这种故事中的一个。当然，这个故事也可能有所本，但在传播过程中漏掉了一些或添加了一些细节，从而使事情本身变得扑朔迷离，难以理解，难窥真相。

轿夫和乘客之间的社会阶级区别非常明显。在精英们看来，轿夫不仅体现了贫穷，而且代表道德低下。他们对轿夫的各个方面——从外表到行为——都有抱怨。

精英们批评轿夫，"衣多不洁，往往将座垫污秽，臭虫虱蚤，无所不有"。特别是在夏天，有一股难闻的味道，"汗气满垫，疮痂飞扑"。

有些报纸刊登的故事标题就带有明显的敌意，如《可恨的轿夫》和《可恶的轿夫》等。他们抱怨说，轿夫不遵守交通规则，漫天要价，特别是对那些新来的外地人和乡下人，轿夫经常"欺侮"和"辱骂"他们。

由于轿子价格发生争端越来越频繁，警察对成都街道里程的轿价进行规范，订立了"官价"，还发行了"价格表"。据说人们欢迎这一政策，改良者声称它能减少很多矛盾。

实际上，轿夫经常遇到雇主拒绝支付讲好的轿钱，因而引起争端。有些轿夫提出行业是否实行一个要求预付轿钱的新规矩，但另一些人又担心这会使他们失去潜在的乘客。

为了避免不必要的竞争，每个轿行都建立了自己的生意圈，在自己的势力范围内，阻止所谓的"乱抬"行为。但是轿行的区域很模糊，争端也就在所难免。

显然，轿夫不仅要处理好与雇主、乘客的关系，还要对付其他的同行竞争者。精英所描绘的他们的种种"不端"行为，恰恰反映出他们努力生存的艰难环境。

在任何时代的任何社会里，总是存在社会的种种不平等，总是有权的欺辱没有权的，有钱的欺辱没有钱的。在法治社会，弱者可以用法律的武器保护自己。在人治的社会，无权和无钱的人，要么选择逆来顺受，要么进行力所能及的抗争。

著名政治学和人类学家、耶鲁大学教授 J. 斯科特（James Scott）出版过一本重要的著作，题为《弱者的武器》（*Weapons of the Weak*）这是他在东南亚农村的田野调查基础上写成的。他认为，散布流言蜚语、欺骗、报复等行为，都是那些弱者利用"弱者的武器"所进行的弱者的反抗。这种反抗的模式，也被称为"日常的反抗"（daily resistance）。在古今中外、昨天和今天的生活中，能够找到无数的实例。

对穷人来说，谈尊严太奢侈

底层互害

俗话说"人穷志短"，为生计日夜劳作而不得温饱的穷人，尊严对他们来说就是奢侈品。虽然我在关于成都城市生活的章节中，经常强调和谐的家庭生活，紧密的邻里关系，但是我们也应该看到他们生活的另外一面：底层人在城市中享有的资源很少，因此为了生存，他们也互相争夺资源，彼此造成了伤害。本节的故事，主要来自晚清的《通俗日报》和民初《国民公报》的社会新闻。

在过去的成都，街坊邻居们经常挤在狭小的空间里，不但隐私得不到保障，而且容易引起摩擦，像各家小孩之间发生口角，堆在屋外的杂物妨碍过路，或对别人家里的事情说三道四，都可能引起争吵，甚至暴力斗殴。

有人"为一文钱大起争斗"，其中一人用罐子砸了另一个人的头，"至头破血流"，而打人者也"锁送警署"。两兄弟为父亲留下的遗产"大闹分家，甚至闹上街来"，这种"逆子之行为"引发了地方文人"为世道人心虑矣"！

南门桂花街上有一家饭馆，伙计脾气暴躁。有一次，一位顾客吃了6文钱东西，他记错了却要那顾客付12文钱，那顾客争辩了几句，伙计认为他想"吃烂钱"，便把一只碗砸过去，导致其"顶门流血不止"。"吃烂钱"为成都俗语，意为没有付饭钱就从饭馆溜走，或者设法吃"白食"。

由于生活空间有限，普通家庭的日常事务经常延伸到了街头，从而私人问题转换成了公众事务。那些发生在街头的家庭纠纷，是观察家庭、邻里及社区之间的关系非常好的素材。

例如，一位被丈夫打骂的妻子跑到街上求助，邻居或路人就会参与调停，在众人的围观下，她就会讲述她的不幸，以求得邻居和路人的同情和支持。

虽然人们经常把"清官难断家务事"挂在嘴上，但事实上邻里不时介入家庭争端，我们可以找到无数的诸如此类的例子。一名记者写道：

> 昨经少城黄瓦街，见某号门内一妇飞奔而出，形色张皇，向街邻急言曰：请各位将我丈夫拦住。言未毕，即有某甲相继出，不胜其怒……某甲挺身直前，一手将妇发扭住，即用足连踢妇腹数下，妇色几变，发亦乱垂。旁观者恐生他故，故群将某甲挡入门内。妇乘势向众婉言曰：我不投告警察局，

图 17　城门、街道与运货人。甘博拍摄于 1917 年的成都。

往告君姑，冀劝夫勿再如斯。言至此，几哽咽不成声。

这是一个典型的邻里介入家庭纠纷的例子。那妇人跑向街邻，因为她知道在那里她可以得到一定的同情和保护。在这种情况下，那些"旁观者"经常起着平息事态的作用。就是说邻居之间虽然可能是引起纠纷的原因，但也可能是解决纠纷的助力。

我们可以看到，那些受到虐待的妇女并不倾向于告官，而是希望邻里的介入。即使被丈夫殴打，但是仍然担心行使暴力的丈夫吃官司，家里没有了主心骨，所以宁愿忍气吞声。

根据另一个记载，一对夫妇虐待老母，"竟敢拳殴"，使"母倒地人事不省，街邻公愤，将夫妇绑送警署"。在这里，我们看到"街邻公愤"仍然在维持家庭和邻里和谐中起着重要作用。

在另一个故事中，一个住在东辕门"凶悍"的刘姓妇女，经常辱骂她的婆婆，还与丈夫打架。邻居们同情她婆婆，群起打抱不平，强迫刘姓妇女打扫街头卫生以示惩罚，她因而被众人围观嘲笑。

还有一些资料表现出"坏人"和他们邻里之间的关系。胡某被认为是个"撞客"，这是成都人用来形容那些"招摇撞骗"的人。为了维护家庭声誉，他父亲公开谴责他的为人，胡就成为街头闲谈的对象。胡娶了一个妓女。她每天站在门口勾引年轻人，结果"冶游子弟，络绎不绝，衣冠满屋，车马填门"，胡因此发了小财。这种行为激怒了邻里，有人在胡的门上贴了副对联："门迎春夏秋冬，客来东西南北"。他们不愿直接与恶邻发生纠纷，则采取这样比较隐晦的方式发泄他们的不满。

邻居在阻止犯罪方面也发挥了作用。一天傍晚，玉龙街的街首看见一个年轻女子在街上徘徊，结果发现她有残障，出于对她的关心，安排她在守夜人屋里暂住。但半夜时分，那守夜人却试图对她进行强奸，邻居听见了她的大声喊叫而进屋相救。愤怒的人们把他捆绑起来，先打手心两百，然后交给了警察处罚。人们责骂这个守夜人"老贱而淫"，予以解雇，并"立予驱逐"。

这些故事为我们提供了很好的例证，使我们知道了家庭事件如何转变成公众话题，邻里怎样自愿协作以保证和睦。事实上，他们把解决邻里间的争端不自觉地作为一项职责。

一些争吵甚至发展成为集体暴力事件。一天清晨，十几个人打了起来，吵醒了附近邻里。两个当事人被抓，大多数参与者逃之夭夭。这场骚乱的原因不过是东大街的糖帮和布政衙的帽帮之间的一个小小争执。

有些大的争端，邻里间调解不了，则必须警察介入。在警察建立之前，这类的冲突都是由保长、街首或邻里来调停。如果事件与移民有关，就会寻求行会或会馆的首领来解决。

小偷的团伙

小偷小摸和赌博引起警察极大的关注。小偷有着各种各样的背景，当然大多数是穷人，他们没有稳定工作，到处游荡。大多数小偷是雇佣劳动者，如船夫、搬运工、小贩、守夜人、仆人，或流动职业者，如流动剃头匠、木匠、裁缝、江湖郎中、卖唱艺人、和尚等等。这些人生活在社会的边缘，过着仅能糊口的生活。

那些无职业、无技术的流浪者，把街头当作获取食物的主要资源。警察的出现对他们是一种威胁，正如近人冯家吉所写竹枝词中描述的：

> 警察巡丁日站岗，
> 清晨独立到斜阳。
> 夜深休往槐安去，
> 致使鸡鸣狗盗藏。

但是，实际上警察也并不是那么成功，警察对他们也是防不胜防。小偷一般都是积习难改，寻求一切机会下手。那些公众集会是他们的最好时机，例如一年一度的花会，那里人山人海，小偷们如鱼得水。扒手特别喜欢在花会活动，当地人称其为"红钱贼"，另一些人则不仅偷钱，还盗窃各种商品。

为寻求自我保护，小偷经常结成团伙。一次警察抓住一个大约二十个小偷的团伙，强迫他们劳动以示惩罚。在另一个案件里，警察发现一个小孩，扛着一个大布袋，里面装着价值一百多两银子的衣物，他们以此为线索，找到了一伙盗贼。

1914 年夏，由于干旱，成都米价猛涨，从乡村市场运到成都的大米经常在路上被偷。据报道，那是一些"游手好闲的年轻人"所为。

传教士何忠义（G. E. Hartwell）写到，这些小偷一般有一位当"王"的头目，他"极有可能受雇于"地方官员。一般认为，"王"是一个"半是乞丐""半是官员仆役"的人。如果被抢的物品在三天以内追踪，那么这批货物可能会被找到。一般三天之后，劫物就被分赃，"衙门的差役得到他们的那一部分"。

这种说法表明小偷极力与官员建立某种联系以获得保护。官员缺乏必要的人力和财力为社会稳定提供适当的保证，只有依靠一些现有的力量来维持社会稳定，这已不是什么秘密。只要他们不惹出大的麻烦，地方当局往往是睁一只眼、闭一只眼。这种控制策略已经在中国城市里存在了相当长的时间。

边缘人群总是有他们的生存之道，为了存活下去，他们必须尽可能地利用各种资源，无论是官方的，还是民间的；无论是合法的，还是非法的；无论是道德的，还是不道德的。有的甚至走上犯罪的道路。当读到他们的故事，不可避免地为他们的所作所为惋惜，但是也为他们不得不铤而走险，而抱一丝的同情和理解。

对那些处在生存边缘的人来说，对他们的种种无尊严的生存行为，没有处于他们那个地位的人，真无法站在道德的制高点对他们进行指责。这就是英国马克思主义历史学家霍布斯鲍姆在他的名著《盗匪》中，对他们多抱以理解、同情态度的原因吧。

族群冲突

在传统中国城市里，社会排斥和歧视的现象一直都存在，一个族群或行业集团会对另一个族群或行业集团持敌视的态度，城市居民欺侮乡下人的情况也很普遍。这里"族群"并非指不同种族的人群，而是指由于地理、经济、文化、社会地位等因素造成的社会隔阂中不同的群体。

排斥和歧视激起了被排斥者、受欺侮者和受歧视者的愤怒，促使他们为自己的权利而进行斗争。歧视苏北人在上海非常典型，类似的情况在成都也存在。与上海一样，方言、历史和籍贯都能在人们之间划出界限。与上海不同的是，在成都没有特定的地域偏见，但是居民们对满族人怀有敌意，对乡下人持明显的歧视态度。

成都汉人和旗人被满城（又叫少城或内城）的城墙分隔在不同的区域，但是他们之间的冲突仍然十分频繁。晚清时期，成都有四千多户满族人，总人口一万九千多，大都住在满城。

清人杨燮在竹枝词中描绘成都满族人打猎、看戏、钓鱼的生活方式：

> 旗人游猎尽盘桓，
> 会馆戏多看不难。

逢着忌辰真个空，

出城添得钓鱼竿。

在城西的兵营附近，市镇居民能看见满族人的马在放牧。杨燮有首竹枝词写到成都满族人的其他嗜好：

西较场兵旗下家，

一心崇俭黜浮华。

马肠零截小猪肉，

难等关钱贱卖花。

这里是说旗人喜欢花卉，一收到月钱即买花，但等无钱买食物时，只好贱卖花以维生。"关钱"是清政府给予满族人的每月生活费，也是满族特权的一种，这也造成了他们不事工商的惰性。

在当地文人的作品里，对旗人总有不少负面的描述。由于不同的生活方式和文化认同，加之政治因素而产生的相互憎恶，一代代传承下来。在晚清，地方文人指出满族人之所以变得越来越穷，是因为他们的懒惰和闲散。清人吴好山的一首竹枝词写道：

吾侪各自寻生活，

回教屠牛养一家。

只有旗人无个事，

垂纶常到夕阳斜。

吴好山的另一首竹枝词也表现了类似的抱怨：

蚕桑纺织未曾挨，
日日牌场亦快哉。
听说北门时演戏，
牵连齐出内城来。

这两首竹枝词都是在指责满族人不谋正经的生计，整日要不无所事事，要不就是钓鱼，或者打棋牌赌博。一听说有戏看，便蜂拥而至。

有身份人家的少妇避免到少城去，因为她们认为那里的人们"懒散""肮脏"而"粗鲁"，而且老是盯着她们看。在汉人居住的"大城"里，不断有年轻女士在满城受到骚扰的传闻。当地文人在描述满族人时经常使用的语言，很清楚地反映了成都满、汉族群之间的对抗。

族群冲突问题在政治危机期间变得更为突出。在辛亥革命爆发前，居住在"大城"的汉人与居住在"少城"的满族人之间的关系十分紧张，李劼人在他的小说《大波》里便描述了这样的矛盾。积淀了二百多年的汉、满之间的敌对终于在1911年爆发了，但是爆发的导火线不是民族问题，而是与清政府的政治冲突。

当成都宣布独立时，城里的满族人听说在西安、锦州等城市，许多满族人被汉人杀死，他们开始为自己的性命担忧。他们决定当无法保护自己时，让所有的妇女和孩子都自杀后，男人则去拼命。然而，新成立的军政府承诺保证他们的生命安全，没有发生他们所恐惧的族群间屠杀事件。

辛亥革命是所有中国改朝换代中流血最少的一次，可惜这种妥协和和平谈判的成果没有保留下去，最终各派政治势力不愿意妥协，常年内斗，血流成河，成为中华民族的痛史。

成都居民也看不起来自边远地区的人们，特别是那些住在四川西部边境沿线的藏人。成都既是中草药、毛皮和藏货贸易的中心，也是本地商人到全国各地贸易的中转站。成都居民将那些来自边远地区的人看作"乡巴佬"或"野蛮人"。

杨燮曾用谐谑的口吻写过："西蜀省招蛮二姐，花缠细瓣态多憨"，他还嘲笑那些来自大小金川和西藏的藏族人：

大小金川前后藏，
每年冬进省城来。
酥油卖了铜钱在，
独买铙钲响器回。

有意思的是，杨燮为这首竹枝词加了个注，让我们进一步了解成都市民对这些远道而来的藏民的态度："蜀中三面环夷，每年冬，近省蛮人多来卖酥油，回时必买铜锣铜铙等响器，铺中试击，侧听洪音，华人每笑其状。"

对藏民来说，成都是做生意和与外部世界联系最近的一个重要商业中心，而成都居民也同样依赖这些商业活动，但是经济交往虽然能够增进相互理解，但文化隔离和歧视却根深蒂固，这从作者所用的"夷""蛮人"等词中暴露无遗。在他们的文字中，"我们"与"他们"的区分是十分清楚的。

城里人和乡下人

法国年鉴学派代表人物布罗代尔（Fernand Braudel）研究了城市与乡村之间错综复杂的关系，并努力去"重新发现一种为全世界城市都存在的共同现象"，这即是城乡间的既相互依赖又有着隔阂的关系。他发现，"同农村持续不断的对立，似乎是在日常生活中不可避免的"。

成都与邻近的乡村有着密切的联系，尽管一堵城墙将城市围了起来，但是城市居民不可避免地依赖与城外地区的交易。这样一来，一个既相互对立又相互依靠的模式建立起来。例如，如果没有周围农村，城市居民便不能享用新鲜食品和雇用来自乡下的廉价劳动力。

另外，成都平原的农户的居住模式是分散型，一般都住在他们的耕地附近，基本上不存在中国传统意义上的"村庄"。在成

图 18　路上的畜运队。甘博拍摄于 1917 年的成都。

都平原上，田野中间被竹林环绕的一家一户或若干农舍成为其独特的自然景观。由于没有或缺少紧密的邻里关系，平原上的农家们会产生一种孤独感，因此频繁地赶场和进城就成为他们日常生活中必要的事。

每天都有很多人来到成都的街上、酒馆和茶馆里寻求与他人的——既有经济的亦有社会的——联系。而且他们也在很大程度上依赖于城镇市场来交换农产品和手工业品。

在繁忙的春秋季节里，农民们在田地间辛勤耕作；但是在夏冬农闲时，他们又作为游方小贩或匠人出现在成都街头。因此，在成都街头可以定期看到来自农村的小贩和手艺人，他们大多是早来晚归，但是如果有些路程较远的外来客，需要在城中逗留几天或更长的时间，也会在小客栈特别是在廉价的"鸡毛店"过夜。

城市居民认为他们比乡下人高一等，嘲笑他们"愚蠢""幼稚""粗俗"，称他们为"乡巴佬""乡愚"，说他们的闲话，传播一些关于乡下人的"离奇"故事，把他们作为茶余饭后讥讽的对象。尽管两者都生活在成都平原，但他们看起来却有极大的不同。

城乡矛盾一直都存在，城里人歧视乡下人也随处可见。例如，沿街住的居民要求推鸡公车的乡下人支付一两文钱作为"过街费"，理由是鸡公车会损坏街面。否则就不许通过，或者必须扛着鸡公车过街。有些街道为了防止鸡公车通过，居民还故意在街上设置障碍，例如摆放石头、破砖，有的甚至故意撬开街上的石板。

城门是城乡间的必经要道，进城挑粪的农民也经常来来往往，一次一个农民的粪桶不小心弄脏了一位衣着入时的年轻人的衣服，年轻人气急败坏地将那农民痛打一顿，过路的人好不容易才阻止了他，并叫农民向他道歉。

据另一则报道，一支送葬队伍沿街行进，一位送葬者对一个推鸡公车运大米的车夫大打出手，认为他挡了路。这一行为激怒了行人，群而帮那个推车的人反击。可以看到，人们对欺压弱者的行为是深恶痛绝的。

很多证据表明，在这类事件发生时，即使警察不能及时赶到，大多数的冲突也不会产生严重的后果，因为行人经常会自愿介入调停，通过"公众力量"来解决问题。

进城的乡下人经常是歹人作案的对象。例如一个乡下农民带着90两银子到成都东大街的一家商店还债，几个陌生人上前搭讪，并说他们是同乡，请他一起喝茶。在吸了他们给的香烟后，他开始感到眩晕，最终失去了知觉。当他醒过来后，发现他的银子和那些陌生人都消失了。

这类事件有时会有更悲惨的结果，例如从湖南来成都寻哥哥的一个乡下人，所有的钱和衣服都被偷走，又找不到其兄的任何信息，于是绝望地上吊自杀。

住在城墙外的农民——哪怕即使是离城一两里远——外表、口音、穿着等与城里人都有明显区别。乡下人的出现不时会引起饭馆、茶馆里的城里人许多好奇的打量甚至议论。下面是1917年发生在一个茶馆里的谈话，便充分说明了都市人和"乡巴佬"

间的鸿沟：

> 昨有一个农民来省，到某茶园吃茶。闻有人说："西南政策把我们害了。"农民上前怒谓之曰："稀烂政策害了你们？闻省中善人很多，生的死的都被怜恤。我们乡下人受稀烂政策的影响，银钱衣物要抢去；莫得现银物，人也要拉去。挨打受气，又出钱，有哪个怜悯你？"其人见农民误解，复谓之："现在讲的是云南政策了。"农民更惊，旋又答之曰："说起营盘，我辈更怕！"农民方开口，其人知不可谕，遂起而去。

这个对话中所提到的"西南政策"，就是当时四川由西南的川滇黔三省的军阀互相争夺控制。这种三省军阀互斗的模式，特别是滇军入川所引发的战争，给成都市民带来了很大的灾难。所提的"营盘"，就是自己的军阀各自为政，划分势力范围。

汉语中有许多同音和近音词，人们对话中因此可能出现曲解。不同口音的人交谈时，这种情况就更为严重。从表面上看，这个故事是关于那农民对城里人谈话一些近音词的误解，但弦外之音，却是与"愚蠢"的农民无法进行"政治话题"的谈论，进一步反映出城市居民的优越感。从"其人知不可谕，遂起而去"来看，这个城里人是不屑与这个"乡巴佬"费口水，干脆一走了之。

不过，这个在茶馆的插曲从另一个侧面也说明了，在军阀时期人们仍然可以在茶馆中自由谈论政治，还表明陌生人之间可以进行无拘束的闲聊，哪怕是农民，也可以随便插入他人的谈话。然而，在国民党时代，这种自由受到极大的限制，怕惹麻烦的店主总是贴出"休谈国事"的告白，以警告人们在各茶馆中不要议论敏感话题。

新老移民之间

除了城乡冲突之外，新老移民之间的对立在中国城市里也很普遍。由于明末清初战争之破坏，成都几乎很少有真正的本地人。清初以来，通过不断地移民，城市恢复了昔日的繁荣。清人吴好山写道：

> 三年五载总依依，
> 来者颇多去者稀。
> 不是成都风景好，
> 异乡焉得竟忘归。

来自外省的大批商人到了成都后逐渐定居下来，开店营业，他们大多数人都专营一种或者几种商品。随着人数的增加，他们建立了行会或会馆。

对于移民来说，成都有更多谋生的机会，特别是对那些因自然灾害和土匪横行而背井离乡的人来说，这里要安全得多。

另外，他们在成都扩大经营，并由此与其他商人产生了竞争，也不可避免地引起了当地人的抵制。

在成都有一个广为流传的故事，可以增加我们对新老移民之间紧张关系的了解：19世纪80年代，陕西人在成都立脚后，他们想为同乡会建造一座会馆，但是成都人不喜欢这些暴发的商人，拒绝将土地出售给他们。后来经过多方努力，陕西人买到了一处低凹泥泞的土地。开建前必须用石头和泥土来填平，但成都人不允许他们从成都就地取土，以此阻碍他们的修建计划。同乡会只好号召所有的陕西人从自己的家乡带回一袋干燥的泥土。两年内洼地即被填平。

现在无从考证这个故事的真假，但故事本身可能夸大了成都人的心胸狭窄和他们与陕西人之间的矛盾。不过这个故事的流传，的确反映了本地人和外来者之间不断的形式繁多的冲突。

清末民初，来成都的移民增加很多。一份1917年的报告指出，成都增加了二万余户，引起一些人担心城墙内有限的地方，如何能容纳下这样巨大的人口。一些人认为，清政府倒台后，失业人数增长，这加剧了谋生的困难。成都吸引了来自各个地方的新移民，良莠混杂，一些坏人隐藏在人群中，对社会安全是潜在的威胁。当地报纸报道了一个乡下人是如何在骡马市认出一个"面目可憎"的汉子，这人是曾经在什邡县抢劫过他家财物的匪徒。因此，一些地方精英呼吁政府对流动人口给予更多的限制。

成都同中国其他城市一样，由族群、籍贯等的差别引发的问题非常普遍。或许城市中邻里之间的亲密关系强化了"我们"（邻里）与"他们"（乡下人或移民）之间的隔阂。

成都居民不喜欢"陌生人"来改变他们的日常生活，而那些被排除在外的人努力在公共空间维持生计和寻找娱乐，这便是在城市中每天都不断出现的纠纷、冲突乃至暴力的土壤。

其实，这不是成都的独特现象，在中国任何一个传统城市里，这种冲突都是见惯不惊的，而且实事求是地说，成都还是一个很包容的城市。直到今天，这个城市仍然是外来人最感亲切的城市之一。

实际上，虽然我们指出了城市中存在的这些问题，但这并不否认在长期历史过程中成都社会所建立的一种稳定机制。也即是说，即便是在冲突发生时，这种能自我调节的机制也能把冲突限制在比较低的层次上，而很少发生那种不可收拾的大规模骚乱。

精英眼中的"乌合之众"

追求"文明"

历史是精英写的，所以我们今天所看到的历史上的民众，都是透过精英的眼睛。20世纪初是中国人"被启蒙"的时代，这时的民众是怎样被精英所描述的呢？

在精英的笔下，民众就是"乌合之众"，无论是行为，还是思想和信仰，都存在严重问题。

因此，在本节中，我想讨论的不是20世纪初民众的真实面貌，而是在精英的眼中民众的形象，民众是怎样被精英所描述的。

晚清时期，一场由新型的和西化的社会改良者领导的，旨在抨击大众文化和大众宗教的激进运动，轰轰烈烈地开展起来。

20世纪初的中国城市经历了一个"改良时代"。但这些改良者究竟怎样理解"改良"和"维新"这样的词呢？他们的标准和模式又是什么？

1909年成都的《通俗日报》上一篇题为《说新》的文章，

部分回答了这个问题。这篇文章写到，"新"是"旧"的反义词，作者认为以过去为基础的事物代表"旧"，以现在为指向的事物代表"新"，因此既有的传统和风俗都是旧的和不可靠的，需要改革，改革的结果就是"新"。

按这篇文章的说法，所有的传统都是愚昧落后的，因为它们是旧的东西。"文明"这个词在晚清流行一时，但它主要是指西方的观念和行为，改良者把这些观念和行为介绍到了成都。这一认知反映了改良者追求西方的紧迫感。

精英们留下的描述和批判公众行为的记录，是我们考察他们对普通民众和大众文化态度的极好资料。他们对普通人和大众文化总是持批评态度，对民众日常生活的每一个方面——从穿着到行为方式——都进行了抨击。

在他们眼里，普通市民卑下、愚昧、空虚、不诚实，"镇日斗牌无别事，偷闲沽酒醉陶陶"，便是他们对民众的画像。

他们也批评那些行为不端的"街娃（儿）"：蓄着长发，与狗逗乐，酗酒赌博，结交妓女。他们经常到某个固定场所聚集，比如御河岸边。因此，他们就告诫："莫向御河边上去，染成逐臭一班人。"

20世纪初，精英们总是将普通民众与西方"文明人"进行比较，批判的调子达到了新的高度，似乎无论在哪一个方面，民众的行为都难以接受：上了年纪的人在茶馆里散布流言蜚语，年轻人藏身于城墙上偷看妓女（妓女集中的新化街靠近城墙，在城墙上可看见妓院里的动静），女人们被算命先生或江湖郎中的瞎话弄得神不守舍等等。

精英们甚至对一些细枝末节的问题也看得很重，1914年《国民公报》的"时事评论"栏有一篇题为《可恨》的短文，严厉谴责了那些折断树枝的人。作者声称，在上海的公园里，外国人挂出"华人与狗不得入内"的告牌，并不是蔑视和羞辱中国人，而只是希望借此杜绝国人对树苗的损坏。

虽然这样的论点未免牵强，但可见他们对民众所谓落后行为的处心积虑。这篇文章还提到了"文明"这一概念，指出攀折树枝的举动与动物无异。

我们知道，"华人与狗不得入内"这一标志，历来就被中国革命家们用作例子，证明洋人是怎样无所不用其极地对中国人进行污辱和歧视，从而激起国民的反帝情绪。然而这篇文章从"文明"的角度着眼，反其道而行之，来揭示改革和教育下层人民的重要性。

被嘲笑的大众

改良者认为大众娱乐是造成公众"丑恶"行为的重要原因之一。在他们眼里，所有男女演员的表演都是"故作丑态""俗不可耐"，其表演是"不健康"的。街头表演的相声吸引了数以百计的人观看，但语言却"下流""放荡"。

"柳连柳"被他们认为是"最下流"的表演，唱者拿着一根挂满了铜钱的竹棍，边唱边用竹棍敲击身体作为伴奏。他们经常使用一些很粗俗的方言，让精英们觉得"不堪入耳"。其中最常演的曲目是《小寡妇上坟》，精英们认为这种节目十分"丑陋庸俗"。

与中国传统的文人一样，20世纪初的精英们猛烈抨击所谓的"迷信"思想，诸如邪神崇拜、惧怕厄运、笃信巫医等等，并且不遗余力地嘲笑和贬低那些信徒。

然而，精英文人最猛烈抨击的是所谓"迷信"活动。例如，每年正月十五，人们都会拣回一些象征金元宝的鹅卵石，以驱除"穷鬼"。清人杨燮以一首竹枝词嘲笑这种行为曰：

> 牛日拾来鹅卵石，
> 贫富都作送穷言。
> 富家未必藏穷鬼，
> 莫把钱神送出门。

按照传统的说法，正月初一为鸡，初二为狗，初三为猪，初四为羊，初五为牛，初六为马，初七为人。所以正月牛日即初五日，这天人们要举行"送穷除贫鬼"的活动。

对那些大众宗教仪式的批评则更为猛烈，认为人们烧香拜佛都是"不文明"的愚昧行为。一次，一个女人在家里给观音菩萨烧香时引着了火，当地报纸以一种讽刺的口吻报道了这件事："拜观音请到火神。"

在成都，人们认为菜油洒在街上是不吉利的，谁要是不小心把菜油洒在街上，就得买来"纸钱"放在油上，点着火，嘴里还念念有词，求神灵保佑避祸，当地叫"烧街"。有一次，"烧街"的火势蔓延，堵塞了交通，而人们却站在一边袖手旁观，精英对此愤慨不已："正当烈日，偏有十余人围观烤火，真是不可解。"

农历七月二十二是供奉财神的日子，街上要放鞭炮，市民忙着敬神烧香。如此做法又引起了改良者们的讥讽，《通俗日报》上的一篇文章指责道：

每年七月二十二，是佛教人敬财神的日子，大街小巷爆竹连声，磕头烧香，大家忙乱……

可笑各店铺各住户，年年到那一天全都拿敬财神为最要紧的一件事（也有人不信这个，但不能不随俗的），请问敬财神的准可以发财吗？近来穷人一年比一年多，难道说是没有敬财神吗？……

要说不敬财神就不能发财，凡是不敬财神的就该全是乞丐，怎么教人不敬财神的，也有发财的呢？怎么外国人不敬财神……多有比中国富足呢？可叹愚民不信真理，偏信假话。

其实敬财神发不了财，反倒先破财。你们看街面店铺，要是讲究一点的，这敬财神一天的费用，如买爆竹、买贡物、买香烛等件，热闹一日点灯一夜，就须二三十两银子。

那穷家小户，也敬财神，这一天的费用，足够过三天的。这不是没发财先破财了吗？要说这是下本钱，以后必可以发财，怎么中国的商民，都一年比一年穷呢？怎么大家都不醒悟呢？

　　要是果真坐在屋里什么都不干，专敬鬼神，自然就会从天上落洋钱，我就信那财神真有灵。到底哪里有什么财神，哪里有这个事呢！

　　这样的观念反映出社会精英的信条，烧香敬佛拜不来财富。但他们却不懂得对物质生活贫乏、辛勤劳作而难得温饱的贫民来说，这样的精神寄托有多么重要。

　　端公是改良者经常攻击的对象。端公号称有超自然力量，可以驱恶除魔，救治病人。当时成都许多人相信巫术，精英对此多有批评。他们指责端公施法过程中，午夜时分方圆几里都可以听见鬼神哭嚎的声音。端公跳神时还要敲锣打鼓，却全然不顾病人的恐惧。

　　端公在屋顶上挂上符咒，所谓驱散游魂野鬼，但精英却揭露，他们未能驱散鬼魂，却使病人情况恶化，还趁机敛钱，因此端公实际是"阎罗"的帮凶，因为他们"无刀会杀人"。

　　当时有一家报纸报道了这样一件事：一个端公在一天晚上驱鬼回家路上掉进了水塘，他抱怨说自己是被魔鬼缠上了身，报纸称他为"水端公"，质疑道："端公自谓为鬼所祟，能为人取鬼，而不能自御其鬼，该端公之法术，亦可想见矣！"

　　虽然精英激烈批评，巫医治病的习俗却一直延续下来。我们在巴金的小说《家》中可以看到，20世纪20年代端公驱鬼仍然流行。在主人公觉慧的祖父临死之前：

> 一天晚上天刚黑，高家所有的房门全关得紧紧的，整个公馆马上变成了一座没有人迹的古庙。不知道从什么地方来了一个尖脸的巫师。他披头散发，穿了一件奇怪的法衣，手里拿着松香，一路上洒着粉火，跟戏台上出鬼时所做的没有两样。巫师在院子里跑来跑去，做出种种凄惨的惊人的怪叫和姿势。他进了病人的房间，在那里跳着，叫着，把每件东西都弄翻了，甚至向床下也洒了粉火。不管病人在床上因为吵闹和恐惧而增加痛苦，更大声地呻吟，巫师依旧热心地继续做他的工作，而且愈来愈热心了，甚至向病人做出了威吓的姿势，把病人吓得惊叫起来。满屋子都是浓黑的烟，爆发的火光和松香的气味。

尽管巴金以一种写实的笔触描写了这个片段，但从字里行间我们还是可以看出他对端公的反感态度，其实当时的新知识分子都存在类似的看法。西化的社会精英认为，大众文化和宗教是现代化的最大障碍。

"崇洋媚外"

还有人竭力主张禁止"迷信"的书籍出版发行，其中包括《封神演义》和《西游记》等古典名著，以及所有与妖怪神鬼、佛教、道教相关的书籍。

改良者在他们的文章中始终鼓吹这样一个观点：中国的传统愚昧落后，外国的文化则文明进步。例如，《通俗日报》曾撰文指出，日本人和西方人经常会在各种场合阅读报纸，不管是在火车站、商店，还是在理发店、人力车上或餐馆里。

据这篇报道说，1908 年，有些新型茶馆开始给茶客提供报纸，这其中有怀园、宜春茶楼等，一些餐馆也纷纷加以仿效。精英们认为这是一条文明之道。

成都有一家人突破传统习俗的束缚，举行了新式婚礼，当地报纸称赞"此举极端文明，既能破除旧习，又复节减金钱"。

同时，他们嘲笑旧式婚礼，称用喇叭吹奏助兴是"形式腐败"，而用西式乐队举行娶亲，"彩舆之前，列军乐队，十余人随走随奏"，则是"文明可喜"。

可见西方文化在这些精英心目中的形象和地位，对西方的崇拜和中国传统的蔑视形成了十分鲜明的对比。

与这一趋势相反的是，另一些精英成员则不赞成一味地崇洋媚外。他们看不惯那些穿西式服装的人，《通俗画报》上曾刊登了这样一幅漫画（见图 19）：一位男人因为服装样式不中不西，被骂为"中西人"，作为"社会百怪"之一种。

《通俗日报》刊登一篇题为《真阴沟跌假洋人》的消息，作者嘲讽一个穿着洋服装的人，掉进了土坑，弄破了衣服。记录者

（社會百怪之一）

中西人

一身洋裝滿口華語

遍身洋氣不遺下體

又非討吗狗混挾起

好像問頭頸滑穿起

又不阿屁把煙咬起

金錢外輸國貨不喜

祇恨父母非洋種子

不中不西人而無恥

社會改良個個笑你

图 19　"中西人"。《通俗画报》，1912 年。

没有表示同情，反倒取笑"假洋人"的不幸。

在晚清，崇拜西方已非常流行，《通俗日报》上的一则故事讥讽的就是这类人。有一个人到国外旅行，带回了许多稀奇古怪的玩意儿。他的亲戚朋友来看他的时候，发现他的外貌改变了不少，他剪掉了长辫子，着西服，蓄西式小胡子，"文明的了不得"。

亲戚朋友们问他去了一趟外国，都有哪些收获。他一边从箱子里拿出东西来炫耀，一边说：

> "你们诸位看，人家外人的东西，够多好！咱们中国人是不能的……"临末了拿出一个小藤子枕，遂对众人说道："你们诸位看，这藤子枕做得多么精致！又凉爽，又轻秀，大概是机器做的。我们中国人是万万不能的。"
>
> 旁边有一年老人，实在闷不住，遂插口道："先生这藤子枕，是阁下祖上传下来的东西，你临上外洋去的时候，带了走的。如今你把它当作外洋做的了。"
>
> 某甲面红过后，遂说道："虽然是中国做的，可是从外洋游了一趟回来，可就显得高得多了。"闻者无不大笑。

从这个"枕头"故事，我们可以觉察到文章对盲目崇洋的批判态度。关于成都的描述中，反映出在当时确实存在很深的代沟，年轻人多提倡接受西方观念和文化，而老年人更倾向于维持传统。

在新旧两极之间，也有人力图找到一个中西方文化的平衡点。

虽然西化的精英们对传统文化抱有偏见，但大多数改良者既沿袭了中国传统儒教的价值观，亦同时认为西方观念并不与之冲突。

尽管他们接受了不少西方新思想，但传统价值观念依然根深蒂固。换句话讲，不管是源于西方文化，还是东方文化，只要对改革有用，他们都会试图加以运用。

总的来讲，精英改良者对中西的价值取向所持的是一种现实和适用的态度，因此他们的改良措施经常都表现出新旧兼具的特点。然而，无论他们是西方派，还是传统派；无论是新派，还是旧派，他们对民众的蔑视、对大众文化贬斥的态度，却都是一致的。

第三章　女性挑战男人的世界

　　下层妇女其实也是中国传统城市公共空间的主要占据者。那些敢于抛头露面的妇女，不是在陋室和街面之间进进出出操持家务，就是在街头巷尾摆摊售卖讨生活，或者就在风月场所卖色卖艺求温饱。在男人的世界中，她们被歧视、被压榨、被玩弄，遭受着种种屈辱。而同时，在官方和精英看来，她们是城市罪恶的一部分，被污名化、被打击、被控制。但是她们不甘于这样的处境，去抗争，去奋斗，去争取自己的权利，去挑战这个男人的世界。

"锦官城东多水楼，蜀姬酒浓消客愁"

江边的红灯区

明末是中国士林社会生活相对开放的时期，那时妓院十分流行，而且逛妓院并不是一个严重的道德问题，很多儒生甚至把结交高级妓女作为一种时尚。孔尚任的《桃花扇》便对此有十分生动具体的描述。歌妓柳如是先是被明末名臣陈子龙所爱，后被东林党领袖钱谦益所娶，著名历史学家陈寅恪还著有《柳如是别传》，研究这个传奇女子的一生。

这种现象不仅在江南地区，而且在成都这样闭塞的内地也很盛行。明人薛瑄便写道：

> 锦官城东多水楼，
> 蜀姬酒浓消客愁。
> 醉来忘却家山道，
> 劝君莫作锦城游。

这里的所谓"水楼",就是靠水的吊脚楼。锦江中船舶来往,客商甚多。成都的东边是商业繁忙之地,男人经常光顾那些有卖唱女的江边吊脚酒楼,实际上也就是妓院。"醉来忘却家山道,劝君莫作锦城游"两句,让我们想到李白的"锦城虽云乐,不如早还家"。显然,作词者是借用了李白的意境,更契合了今天我们所说的"成都是来了就不想走的地方"。

薛瑄另有两首类似意境的竹枝词,其一:

> 江上小楼开户多,
> 蜀侬解唱巴渝歌。
> 清江中夜月如昼,
> 楼头贾客奈乐何。

其二:

> 杨柳眬眬天欲明,
> 锦江夜雨江水生。
> 盐船无数恶年少,
> 闲上江楼看晓晴。

那些往来的客商,流连在江边的酒楼。晚上月亮出来,江上波光粼粼，人们心旷神怡。夜间下雨了，锦江涨水了，那些运盐船上的年轻后生，开不了船，就去江边的吊脚酒楼里打发时光。天亮了，杨柳如烟，东方露出了鱼肚白，朦朦胧胧，登上江边的高楼，去欣赏锦江上的初晓。

"监视户"

清朝时期的竹枝词更多地描述了年轻子弟的嫖妓活动，如定晋岩樵叟写道：

> 子弟寻花新巷子，
> 御河沿畔亦消魂。
> 几回不遂狭邪兴，
> 川主庙前半掩门。

看来，清代成都的娱乐中心从锦江边，扩展到了城中心的御河边，那些纨绔子弟在那里寻花问柳，川主庙也是他们蝇营狗苟的好地方。

通常，妓女在公共场所中极为引人注目，杨燮的词这样写道：

> 镶鞋净袜一双双，
> 游遍罗城又粉江。

蜀妓如花浑见惯，

逢场端不看高腔。

那些妖娆的妓女穿着花鞋和素色的袜子，城墙和江边到处可以看见她们的靓影。那些如花的妓女，看得人心旷神怡。杨燮还引用李白的诗作一个注"蜀妓如花坐绕身"，告诉我们"蜀妓如花浑见惯"是有出处的。而且她们还喜欢听川剧的高腔。

在晚清成都，由女人提供的性服务仍然十分流行，于是成为社会改革的目标。当地人管妓女叫"婊子"或"烂娼"。妓女的艺名总"让人联想到情欲的快乐，但与文雅结合在一起"，成都的所有妓女都有艺名，诸如"金蝴蝶""杨荷花""水红桃"等等。

改良者傅崇矩指责有些妓女引诱年轻人、拐骗良家妇女，他在其编写的《成都通览》里公布了她们的名字，以警告人们远离这些女人。他甚至建议制定规章禁止妓女穿可能同学生制服混淆的服饰。

不过，同已经被彻底禁止的赌博相比，妓女的命运要好得多，她们并没有被取消，而是逐渐受到限制。1906年，警察将成都所有325家妓院定为"监视户"，并将写有"监视户"三字的木板挂在妓院门上，以与普通家庭相区别。

李劼人在《大波》里，讲了一个发生在成都郊区彭县的故事：当地风俗，每年七月初七这天，要在萧曹庙办土地会，要唱几天大戏。1911年那年的戏班，是由成都去的。因为成都在闹罢市，戏园停止唱戏，很多角色都跑到彭县去了。因此，彭县这年的土地会办得非常热闹。

挤在会场里看戏的人很多，不仅是县城里的人，甚至方圆百十里的人都来了，三教九流，挤在一起，就容易出事的。彭县经征局（所谓"经征局"，是晚清设立的收税的新机构）唐局长的太太，是成都来的，好出风头。初七那天，她打扮得格外花俏，坐到戏场看台上去看戏，还在看台上扭来扭去，引起观众的注目。戏场里年轻后生一下闹开了，说看台上那个卖风流的女人，是成都新来的监视户。二三十个小伙子朝着台上扑去，声称要拉她去陪酒烧鸦片烟。唐太太也骇着了，连忙带着丫头、老婆子、小跟班，跑到经征局去躲避。戏场也乱了，上千数的人也跟着那帮小伙子，向经征局涌去。还一面吼叫："把那个监视户抓出来！"唐局长带起几个局丁，拿着枪堵住局门弹压。弹压不住，于是他就叫局丁开枪，打伤了一些百姓。百姓激怒起来，冲进了经征局，见人就打，见东西就抢，抢不走的打得稀烂。李劼人这里不过是把当时时常发生的官民冲突，以戏剧性的形式，写进了小说里。

1909 年成都《通俗画报》上有一幅关于"新化街"红灯区的漫画。图中那些妓女的艺名，如夏老三、张老么、麻脚瘟小妹等都是当时成都真正有名的妓女。

从"济良所"到"新化街"

晚清的社会改良者并没有主张禁止妓女，而是对其加以管理。

社会改良者常常用实例警告人们逛妓院的痛苦结果，一篇文章在讲述了一个妓女拒绝再见其破了产的老相好的故事后，总结道："妓女之无情，亦至于此，好色者可以鉴矣！"他们特别强调守孝的人应禁止去妓院，因为这样的行为与传统道德大相抵触。

为了"拯救妇女于孽海"，地方当局开办了"济良所"，以收容妓女，教她们"自尊"、识字、计算，希望把她们转变成"正经娴媛"，寻找另一种谋生方式。参加这一计划的妇女要求做工，例如织袜，以补充"济良所"的收入。到1909年，六十多个妓女进入了济良所接受"从良"教育。

为了开始新的生活，她们中30人选择了结婚。据报道，那些妓女"均颇知悔悟"，逐渐改变了她们的生活方式。具有讽刺意义的是，尽管社会歧视妓女，但是仍有很多男人有兴趣与她们结婚。据称，"择配从良"的前妓女都"多得善处"，有些人甚至返回"济良所"讲述她们的成功故事。

妓女一般聚集在柿子园，那里被改良者看成是"污秽"的和"下流"的红灯区。随着城市改良的进行，它被更名为"新化街"。对于穷人家的女子而言，即使在改良时代，也面临着被诱拐或强迫在那里卖身的危险，当地报纸里不断报道诸如此类的事件。职业皮条客被禁止，一经发现将被捕并送去做苦工，但是拐骗妇女的事件仍层出不穷。

很多地方文人不满当局有关妓女的政策，冯家吉的《锦城竹枝词百咏》中的一首便讽刺了所谓的妓女改造：

兴化名街妓改良，

锦衾角枕口脂香。

公家保护因抽税，

龟鸨居然作店商。

　　冯家吉显然不认同当局允许妓院存在的政策，批评官方无非是为了经济利益。不过，地方当局虽然允许妓院经营，但对顾客加以了限制，明确规定学生"应守礼法"，士兵"应守营规"，年轻子弟"应爱身体"，以上三种人不允许进入妓院。违规接待这些人的妓女将受到处罚，将不再准许继续在新化街谋生。

　　其实，真正想要从良、"做正当"职业的妓女，依然面临着许多障碍。那些离开妓院已经结婚的人仍然保留着"前妓女"的名声。例如，一个妓女从良后在永兴巷的拐角处开了一家铺子，生意很好。但一次她男人在店里"与人因争风，大起冲突"，导致某人受伤。事件发生后，邻里们"公同议定"，迫使她迁店。

　　在另一则新闻里，一个做小生意的店主爱上了一个妓女，租了一所房子准备成家。他们去警察局领结婚证，警察拒绝颁发，还要强行将女子送济良所，声称她决定结婚违犯了规定。这个决定造成了可悲的结果，男子在得知他不能与心仪之人结婚后，心碎得发了疯。

　　因此，很多跳出火坑的妇女发现过正常的生活并非易事。有些在从良后仍面临生存危机的妇女，最后不得不重操旧业。但是，也有一些妓女力图嫁给高官或士绅做妾，以此作为获得安全和保护的一种策略。

不少妓女试图迁出"红灯区"，与其他居民混杂居住，秘密提供她们的服务。居民请求警察消除邻近地区的妓女，但被告知这很难解决，因为新化街和济良所已经人满为患。但是，警察认识到，妓女夹杂在一般居民中并不恰当，所以许诺居民让她们尽快离开。

从这些报告中可以推断，晚清成都的妓院相当繁荣，许多无路可走的妇女以此为生。在晚清城市改良期间，妓女集中在新化街和武担山两个区域。

反抗男人的奴役

民国初年，卖淫生意更盛，妓女们也寻求更多空间，即杂居到红灯区之外，以此还能逃避付税。其实，由于新化街和武担山难以容纳日益增多的妓女，地方政府也力图为她们寻找安置地方。1917 年军阀成都巷战期间，很多妓女四处逃生，有的开始与普通人家为邻。这引起了相当大的混乱，有些嫖客错将"良家"当妓院，不宣而入。因此，警察最终还是将妓女赶回到他们安排的区域。重申妓女必须合法登记，非法者或"暗娼"一经抓获，即送警局。

下层社会的妓女集中在新化街和武担山，而上等妓女则散布在整个城市里，在客栈、饭馆、酒店等地方从事色情交易。总的说来，市民支持把妓女与其他居民分离开，但是当警察计划移送妓女到砖栅牌坊和蓝泉街时，却受到了这一地区居民的反对。他们声称，邻近地区有一千多家商店和几千位手艺人，他们白天工作，夜里空闲。如果妓女迁移进来，那些工人有可能常去妓院。另外，居民们还担心妓院成为罪犯的藏身之处，危及社区安全。

虽然社会歧视是极大的压力，但也有妓女不理会社会的敌视态度，她们显然从未想要隐藏她们的活动，在公共场所向人们进行挑战。有些妓女会穿学生制服，以对抗精英们规范她们衣着的规定；她们有的在街头旁若无人，即使吸引了大批好奇的旁观者；有的不管警察罚款的威胁，仍然对禁止她们与顾客同坐轿子的规定置之不理；有的屡屡违反关于不得进入公共场所的禁令，而频繁涉足这些地方。

从地方报纸中不时看到这样的报道：妓女违犯了不得进入花会或庙会的规定，被赶了出来。尽管妓女被禁止进入戏园和茶馆，如果她们被警察抓住，将当众受辱和被捕，但是仍然有些妓女敢于忽视这些规定。

很多妓女并不感激地方精英和警察让她们"从良"的努力，仍旧继续从事她们的旧的谋生方式。在改良者的眼中，她们"装束怪异，语言粗鄙，脂粉浓重，光怪陆离"，这在城市改良的过程中一直受到改良者的谴责。

不可否认有些女人是自愿成为妓女，精英们由此得出的教训是，"主家政者慎勿令妇女自由行动"，否则就"后悔无及也"。

杨老三是晚清一位名妓，她从良结婚后，她丈夫倾其所有也无法养活她，她就重操旧业。她的丈夫对此非常恼火，甚至与她的客人发生了打斗。

这些妇女的行为告诉我们，即使是同操贱业的人群中，她们的处境也各异，因此她们对改良的反应也不一样。在一般人看来，妓女是受男人迫害和蹂躏的弱者，但实际上她们成为妓女的原因各不相同，生活方式也差别甚多，对待男人的方式和手段更是花样别出。

研究妓女的学者们其实也注意到，即使是妇女的身体被当作商品来出售，她们也不甘受男人奴役，她们也能结成自己的小团体，也能集体自卫，也同老鸨和男人讨价还价，也能想方设法搜刮嫖客。像那些改良精英经常所举的妓女如何无情抛弃破产的嫖客，则从另一个角度反映了妓女对男人的反抗和报复。

尽管一些妓女试图与普通人群混居，以淡化自己的身份，但也有一些妓女极力在公开场合炫耀、卖弄自己。她们不断地通过衣着打扮和公共行为来挑战社会习俗，使精英们不得不呼吁"如此行为宜严加干涉"。

那么她们到底有何公众行为，她们公开露面的实质是什么？当地报纸是这样描述的：

> 近日，娼妓奇妆异服，沿街游荡。有两妓女共乘一舆，共坐一车者斜目四顾，调笑自若，故显体态轻盈，可作掌上

歌舞。一妓前行，后必尾随二三青年子弟，衣裳楚楚，形极轻狂，不知其龟奴耶？昨记者过少城西马棚，见一娼妓头梳大毛辫，戴绿呢遮阳帽、金丝眼镜。穿披青缎中式时样皮袄、扎脚青裤，扎西式白色洋头绳，穿大披肩、电光褂、花绿色出风毛新式朝元鞋。全身妆饰，不中不西，不男不女。两手叉腰，沿街笑骂。后随一衣服华丽少年，形极恭顺，意气扬扬，不知是该娼妓何许人也？

当他们经过一个警察分局门口，被警察拦住，被"痛加申斥"，强迫她脱下披肩和遮阳帽，取下眼镜，雇轿强行把她送回。尽管那"少年状若死灰"，但该"娼妓形尚自若"。

这些描述的确给我们勾画了一个超级"现代"的女人，无所顾忌地行走在还很传统的成都街头。我们可以看到的是，所谓"奇妆异服""沿街笑骂"，无视路人侧目，可以说是她们对鄙视她们的社会反抗的一种方式。

这个故事告诉人们，妓女虽然是弱者，但有的并不甘当弱者。她们清楚地知道，人们对其公开露面的看法和什么样的行为会激起当地精英的怒火，但似乎她们就是要去挑动精英敏感的神经。作为经常受到规制的社会底层，妓女用他们有限的能量和资源作为工具来宣称她们对公共空间的权利。

在成都，废除妓女是人们持续不断的话题之一。20 世纪 20 年代后期，其他大城市正在进行妓女改革时，成都的一些精英建议分两步走：首先不再允许任何妇女进入这个行当，这样可使其数量减少；然后，禁止全部现有的妓女从事卖淫活动。但是也有一些改良者认为，如果没有首先解决经济问题，禁止登记"公娼"则可能为"暗娼"的发展造成机会。

实际上，整个民国时期，妓女问题从未解决，反而进一步发展。这种状况的出现，固然与政治的不稳定、政策的多变有关，但是下层妇女为生存的挣扎也是重要的原因。

消失的古城（增订本）

被污名化的女性

社会改良者的批评

传统城市社会里，男人无疑是公共空间的主人。在20世纪初，随着社会改革的推行、欧风美雨的洗礼，人们对妇女在公共场所的行为，越来越持开放的态度。

但是历史经常不是按我们想当然的路径发展的。在20世纪初的成都，恰恰是社会改良者，对妇女的公共行为持最严厉的批评。这些批评反映了改良者对妇女、妇女的公众形象和大众文化的看法。

在精英的笔下，妇女的公共形象经常是消极的。傅崇矩所编的《成都通览》中，收有关于成都妇女的民谣："一哭，二饿，三睡觉，四吞洋烟，五上吊。"

傅崇矩认为，百分之九十的成都妇女喜欢看戏，百分之八十的妇女喜欢打麻将，百分之七十的妇女喜欢逛庙。对社会改革者来说，所有这些行为都是"陋习"，应该加以革除。

新旧的转变首先在妇女的服装选择上反映出来。例如，有的服装就展现了刻意引人注目的、独特的个性意识。一名日本人惊奇地看到一些妇女穿着洋装，留着短发。

当地报纸经常发表文章和诗歌，来描述妇女们怎样穿着高领长袍、红鞋子，精心收拾她们的发型，与女伴手拉手一起在街头行走。

总的说来，妇女的风格比以前更为开放和丰富多彩。那些喜欢穿着流行时装的女子当时被叫作"摩登女郎"。民间画家俞子丹 1920 年代创作的一幅画便描绘了这样一个女孩（见图 20），她穿着一套流行服装，留着"最新式的"又短又卷的发型，在一辆人力车上挥舞着鲜花。

时尚进入内地

不断增长的物质财富同样刺激了时尚的发展。据《成都通览》报道，尽管成都与外界相对隔绝，但每年女性的时尚装扮都不相同。傅崇矩写道："衣服妆束，随时改变，一年一变，大约因戏台上优伶衣服式样，为妇女衣服改革之模范。"

成都妇女也受长江下游风气影响，所以"近来妇女多下江妆束，前留海也，画眉毛也，短袖口也"。随着风气的改变，成都"近年大脚风行"，为顺应这种变化，"鞋铺添出一种特别生意，专售放脚后所穿之靴鞋，蛮靴样小，颇觉可人"。

图 20　摩登女郎。俞子丹画，20 世纪 20 年代。

年轻人也开始戴眼镜"冒充学生，及学洋派"，可见"洋派"在内地也成为时尚。随着现代学校的发展，学生们的校服有了一些共同特点。一位传教士观察到："在街上遇到的学生尽管来自不同的学校，穿着不同的校服，但无一例外的都是高帽、长靴、西式长裤和制服。制服上通常戴有黄铜扣子、金色穗带、银色领口和左袖上绣着的代表不同学校的龙，亮灿灿地，很是耀眼。"

《通俗画报》刊登了不同风格的帽子和衣服的式样（见图21），仅帽子就有24种。图中的帽子和男女服装，使我们了解到一些20世纪早期成都"人们的新形象"。

晚清的成都，由于妓女们经常引领时尚潮流。因此"正派"但穿着时尚的女子往往会被误认为妓女。据一则新闻报道，三位游劝业场的女子便被怀疑是妓女，引得一大群人围观，最后警察不得不叫来轿子把她们送回家。

除了服装以外，妇女另外两个非常突出的时尚之处就是头和脚。尽管有很多妇女缠了脚，但当时由于改良人士的宣传，"天足"成为一种新趋势，享受不缠足自由的女学生开始对其他妇女产生影响，正如一首竹枝词所描述的："女生三五结香俦，天足徜徉极自由。""俦"（chóu），是伴侣的意思。这让我们感受到了女人不再缠足，在街上自由自在地和伙伴逛街的情形。

妇女在她们的发型上也花费了不少时间和精力，短发变得流行起来。一位观察者指出，"社会年来大不同，女郎剪发遍城中"。但短发也引起一些精英的不满，对此大加谴责和讥讽。《通俗画

图 21 "戴帽之二十四派"。《通俗画报》，1912 年。

报》1912年发表一幅漫画,题目是"公母人(社会百怪之六)"(见图22)。这幅画嘲笑了留短发的"新潮"妇女。题画写道:"不男不女,或梳留海头发,或穿缘边衫裤。在前清已经禁过,在民国岂可优容?或曰其为人也,像姑;其于物也,为子母牛。"这里"像姑"也可以写为"相姑",是指男同性恋者。

另外,从上海流传过来的发型变得十分流行。成都《通俗画报》有一幅画就展现了一群女性的上海发型,反映了这一新趋势的影响(见图23)。

从表面上看,或许女人们是利用时装来装点美丽,但是这种行动本身是需要勇气的,因为地方精英们认为女人在公共场所以打扮有意识地吸引男人的注意是不道德的。显然,精英们如此抱怨女人的发型、打扮和穿着,文化偏见是原因之一。

例如,易耀珊的竹枝词嘲笑年轻的乡村妇女:

> 乡村少妇学时髦,
> 高髻簪花意态豪。
> 身着旗袍穿革履,
> 面涂脂粉也风骚。

在他们的意识中,土里土气的乡下妇女就不配追求新潮。这些妇女的新外表使很多精英感到不舒服。从相当程度上来说,这是一种歧视。

图 22 "公母人"。《通俗画报》，1912 年。

图 23 "上海派之美人头髻"。《通俗画报》，1912 年。

当然他们也有更深一层的考虑，有人认为"冶容诲淫"，对那些"在戏园看戏之太太小姐必打扮得如花枝招展，以引人之视线"进行批评。对这些精英文人来说，鲜艳的打扮会让人产生邪念，要求重塑妇女的公众形象，因而发出了"穿戴何须出新意？"的质问。

改良报纸 1912 年《通俗画报》甚至称新发型为"发妖"（见图 24）。说是"发妖又出十派"，有"钞（抄）手派"、"器皿派"（又名"地瓜派"）、"折捲派"、"小旦包头派"、"留海派"、"莓（霉）豆腐派"、"闺女派"、"盐菜派"、"坟包派"和"切面派"。把新发型称为"发妖"，即反映了作者对新潮发式所持的否定态度。

妇女抛头露面的烦恼

精英发现流氓喜欢追逐、骚扰时髦的女人，因此发出了"少妇切勿艳妆"的告诫。当然，精英的担心也并不是空穴来风，因为时髦女郎被骚扰之事时有发生：

> 有某某同妻游览花会，其妻少艾，装束浓艳。而某又前后追随，形极轻佻。游人均目为髀神，髀娼妓也。一班髀神乘势猬集，其势岌岌，将生他故。故巡警前往询某……妇女游会，本不宜艳妆，更兼夫婿轻薄，焉能不发生此怪状也？某妇苟非巡警保护，尚不知如何结果。

图 24 "发妖又出十派"。《通俗画报》，1912 年。

上文所称的"觫（duǒ）神"，即地方小流氓或地痞之类。从这个例子中，我们也可以发现，此时乃辛亥革命不久，社会正在发生变化，但社会风气仍十分保守。从那女的外表看来，无非是装束艳丽了一些；从那男的行为看来，无非是对少妻跑前跑后献殷勤，却不知会引起如此骚动。

由于发生了这类事件，精英们理直气壮地向社会发出呼吁："敬告我女界同胞，游览会场，切勿艳妆。携眷游览者，宜庄重严肃。"

当然我们也可以看到，从晚清时期开始，社会对妇女公开露面的限制日益减弱。1906 年，可园成为第一家允许女客进入的茶馆，但不久由于担心男子对妇女的骚扰会干扰社会秩序，警察又禁止了女宾。

之后，作为改良新事物代表的悦来茶园开始接受妇女，但是她们必须从另一个门进入。越来越多的妇女频繁出入茶馆，但是上流社会衣着体面的女士仍然不想放下她们的身价到茶馆与大众为伍。

事实上，女人在茶馆里不知不觉地创造了一种新景观，成为男子们凝视的目标和无尽的谈资。

民国初期，更多的茶馆和戏园接纳女客，但是一般会将她们的座位同男子分开。例如，可园和万春茶园在特别的时段或日子接待女客。同那些不接纳妇女的戏园相比，有女客的戏园利润倍增。因为不仅妇女是一大客源，而且女客也吸引不少男客蜂拥而至。

当地一家报纸批评这现象，说男人去戏园不是看戏而是看女人。清末民初，警察改变了有关妇女在公共场所的政策，有些场所放松一些，但在事故多发区则仍限制妇女的活动。

当临江茶园请求警察允许其接纳女客，以便让日益下滑的生意有所好转，但被否决了。一个杂耍班子利用公园表演，吸引了很多观众。后来警察以公园人杂，禁止妇女到公园看杂耍，观众便少了许多，生意从此一蹶不振，最后不得不停止演出。

在当时的社会，男女之间的关系是一个敏感的话题。在传统中国社会，没有亲属关系的男女不应在公开场合一起出现，所以两性的公开接触总会引起一些不适当的关注。在过去，传统价值和社会风俗抑制了这种关系，但到 20 世纪初，控制权转移到了警察手里，而警察仍然受到风俗习惯的强烈影响。

例如，警察强迫男女于不同的时段到庙里烧香，男子从上午 8 点到 10 点，在此时间之后，则只有妇女才能进入。

对于茶馆和戏园来说，允许男女顾客混合在一起仍属罕见，妇女可以进入戏园，但她们的行为受到很多限制。例如，1913 年颁布的《取缔戏园女座规则》12 条，规定了女人从化妆、服饰到行为举止各个方面的行为。即使丈夫也不允许在戏楼上同自己的妻子会面。从这些规定来看，其主要目的就是减少男女之间在公共场所的直接接触。

平等的漫长道路

到了20世纪二三十年代，妇女在公开场合露面不再新奇，一些思想开放的精英开始将妇女的公开露面与平等的概念联系在一起。正如地方文人刘师亮所写：

> 社交男女要公开，
> 才把平权博得来。
> 若问社交何处所，
> 维新茶社大家挨。

刘师亮在这首竹枝词下自己有个注释，曰"维新茶社男女杂坐"。不过，不清楚是否这是泛指那些趋新的茶馆或是有一家叫"维新"的茶馆，但无疑这真实描写了男女在茶馆混杂的情景。

刘师亮的另一首竹枝词描述了街头新老因素共存的现象：

> 鞋穿绊线剪平头，
> 守旧维新两自由。
> 既要剪头须放足，
> 双弯原不合潮流。

这里"双弯",是指双足。这首竹枝词生动地描述了头发样式和小脚的矛盾。新旧交替时期,妇女面临两难选择。小脚已不适合潮流,但是要不要剪短发?短发和小脚是不是很不搭配?

在这个时期,茶馆成为妇女争取与男人平等的象征,近人杜仲良写了若干《社会怪象竹枝词》,其中一首竹枝词表明公园已经成为向男女都开放的空间了:

> 公园啜茗任勾留,
> 男女双方讲自由。
> 体育场中添色彩,
> 网球打罢又皮球。

饭馆也是这样。刘师亮有一首竹枝词便这样说道:

> 雅座家家设女宾,
> 男宾雅座杳无闻。
> 方今男女称平等,
> 平等如斯也笑人。

也是在民国时期,饭馆为女宾设置了雅座,以适应日益增多的女性在外面吃饭的需要。

此外,成都新公共交通工具的使用也为男女交往提供了方便,如近人陈宗和的竹枝词所描写的：

> 两两三三结伴来，
> 春熙路上汽车开。
> 汽车更比包车好，
> 男女相逢坐一堆。

社会变得更开放，公共场合追逐妇女也在减少，惩罚也不再像过去那么严厉，正所谓"社交已达公开日，不必场门锁犉神"。其中后一句，"场门锁犉神"说的是，过去在成都的花会上，一些男人骚扰女性，警察把他们锁在会场门口示众。

女性不仅成为茶馆的常客，而且还有人加入了女招待的行业。吴虞在日记里写到，他看见春熙路益智茶社雇用的女茶房。一般来讲，过去贫妇主要以做奶妈、家佣、缝纫、糊火柴盒、卦婆等谋生，但这时妇女已经开始进入一些男性占主导地位的像茶馆这样的行业工作，尽管有些保守的精英对此类变化感到很不适应。

妇女享受城市公共空间的权利，走过了漫长的道路，除了社会的进步和发展外，与她们不断为自己争取权利有关。1949年共产革命的胜利，是中国妇女的一大解放，男女平等成为社会的共识，妇女在公共空间的权利也得到相当程度的保障。但是，她们的行为和形象不可避免地被"革命的"文化以及意识形态所左右。这在我关于茶馆研究的第二卷《茶馆：成都公共生活的衰落与复兴，1950—2000》中有比较全面的讨论。

不甘受人摆布

对习俗的反抗

20 世纪初，成都妇女越来越多地出现在过去只有男人出入的场所，如茶馆、戏园等地。这自然引起了精英阶层的不满。警察试图阻止这个趋势，但是妇女们继续向男人挑战，实际上也是向反对妇女公开露面的社会习俗进行反抗。

一直到晚清，妇女都被排斥在大多数公共娱乐场所之外，尽管妇女不允许进入茶馆戏园，但有些女子不顾驱逐的危险，仍然努力突破这些传统的男性领域。

有一次，几位打扮时髦、略施粉黛的女人出现在成都广东会馆看戏，警察马上把她们赶走。有些年轻女性在公众场所也表现得不同一般，如一个年轻女孩把自己装扮成一个男子，与三位男性朋友到茶馆喝茶，但她的伎俩被发现了，被带到了警察局。地方当局控告她和她的朋友"有伤风化"，并给予了相应的处罚。

有一次，山西会馆演戏，一名穿红衣的姑娘爬到自家的高墙顶上看戏。观众把注意力都转向了她，有些人开始向她投花球。慌乱中她跌了下来，受了重伤。

改良者也不赞同妇女逛庙，称警察禁止妇女在庙里烧香是一个极好的措施。虽然如此，这些限制并不能阻止妇女到庙里实现她们的祝愿，因为这是她们的精神寄托。

禁止去城里的庙宇，她们就去城外。因此，郊区的寺庙像白马寺和三圣宫等地，变得十分拥挤，附近的店铺也因之生意兴隆。由于很多男女都聚集在白马寺烧香拜佛，街首开始担心会引起麻烦和事端，要求警察禁止男女混杂。

保守的"社会改良者"

我们不能想当然地以为，社会改良者就一定是思想开通的先行者。其实，对于妇女在公共场所的露面，他们往往表现得比传统的文人更为保守。

社会改良者不赞成妇女看戏等公众活动，是因为他们认为这些戏曲背离了宣传忠孝、贞操等传统道德观的初衷。改良者们谴责看了"淫邪"节目的女性会学不道德的行为和走向"异端"。

改良者也抨击为妇女谋求平等权利的新观念，称之为"邪说"。尽管新观念受到攻击，妇女们还是日益接受了平等的主张，在公共场所表现得更为开放。但精英改良者则认为，妇女们对改良的新戏和文明的新戏，全不爱听。

> ……哪个园子有淫戏，哪个园子多上女座。女座多，男座就不少，不是为看戏，而是为看演戏的……《翠屏山》偷和尚、《关王庙》解衣拥抱、《珍珠衫》乘醉诱奸的时候，女座眼也直，男座眼也斜。一边喝彩，一边回顾。

这个现象引起精英们的担心，因此他们告诫人们不应该让家里面的妇女去戏园听戏。改良者在一般人眼中应该是社会中最开放的那一部分人，他们对妇女的公共角色应该更为宽容，但这些例子则告诉我们实际情况恰恰相反，他们对妇女的公开露面，特别是去戏园看戏持更为保守的态度。

其实，这些戏大多是人们喜闻乐见的关于情爱的故事，实际上在舞台的表演上已经相当抽象化了。一般男女示爱，也只是点到为止，留下空间让观众去想象。所谓"淫戏"，大多是精英为限制和禁止所强加在许多剧目之上的。

警察声称，妇女的出现会造成公共秩序混乱，因此应尽量让妇女远离公共场所，或者把她们与男人分开。当然，精英的担心也并非毫无道理。的确，经常在戏完散场后，很多人聚集在出口，打望来自精英家庭的衣着入时的女人，警察不得不驱散人群，维护秩序。

在男女混合的戏园里，一出戏演到高潮，男人们就经常站起来顾盼女人；而女人也会有相应反应，据当地一家报纸报道，"女宾嬉笑撩拨男宾，秩序大乱"。戏园的这种"混乱"，总是受到精英人士的批评。

而且，为了避免事端，警察禁止妇女进入花会中的戏园看戏。代表成都现代化窗口的劝业场小心翼翼地对妇女开放，但也不时出现混乱。如春节的一个下午，五名衣着入时的年轻女子在那里买东西，引起了一阵轰动，因为"年轻艳妆的女太太五人联袂游劝业场，一般之少见多怪的子弟蜂拥围观"。为了防止出现麻烦，警察强迫她们租轿回家。据报道，这几个女顾客"可谓乘兴而来，扫兴而返"。

在几天之后，另外三名女人在劝业场购物，百多人跟在她们后面"拥看"。以至于改良人士哀叹："妇女们买货物也是挤起的看，真正太不开通了。"为防止意外，警察想办法在劝业场将几名妇女同男人们分开。在劝业场使用电灯后，很多人前来观看，警察为男人和女人安排了不同的参观时间。

其实，人们的这种所谓"不开通"，在很大程度上是社会传统和当局的男女分离政策的一种结果。其实他们也知道"少见多怪"的道理，但是在男女公共关系问题上仍然宁愿持保守的态度。

改良者仍然坚持传统的家族制和社会等级观。男女平权的思想在新文化运动期间及之后开始传播，这点我们可以从巴金的《家》中看到。但与北京、上海等大城市相比，成都经历了更为缓慢的变化过程。

成都由于地理环境的隔离，受到的西方影响较少，因而更趋保守，保留了更多传统社会风尚。资料表明，即使在 1920 年代，许多精英仍然认为"男女平权"为"异端邪说"。因此，妇女争取公共空间的斗争，就比沿海城市更为艰巨。

"贫家恶妇打街骂巷"

我们也不能想当然地以为，任何妇女在任何情况下都是弱者。其实，严酷的环境造就了一些下层妇女的生存之道，她们最终觉悟到，软弱只会让处境变得更糟，强悍或许还可能得到一点自我保护。

因此，成都街头还存在另外一种类型的女人：她们一般来自社会下层家庭，受传统"女德"的限制较少，她们有勇气公开和男人交锋。

正如傅崇矩所描述的，"贫家恶妇打街骂巷"。她们典型的姿势俗称"茶壶式"，即一只手指指点点，另一只手叉在腰间。的确，社会下层妇女在街头彼此谩骂甚至打斗的场景并不罕见，道学先生们认为她们是"妇德不修"而大加抨击。

当地报纸经常报道她们的公共行为，其中一个故事是讲一个住在府街的叫杨忠的人。他老婆是一个有名的"泼妇"，他嗜好赌博但很怕老婆。有一天，他输光衣服后悄悄溜回家，准备拿床被子做赌注，被他老婆抓住了。她马上把他拽到街上，"百般辱骂"，不管他如何求情都不停歇,还威胁要把他交给警察。直到街首出面调停,让杨忠道歉,她才罢休。当地报纸报道这个故事时评论说,"杨忠行为不正,已失男子之志气,人皆谓罪有应得"。

另一则报道说,一名卖布的商贩拒绝按早先议定的价格把布卖给一名裁缝,引起了争吵。裁缝的"泼妇"老婆把商贩的手咬出了血,还朝他扔脏东西。

另一个例子更有戏剧性:一位载客的人力车夫不小心碰倒了白姓妇女的儿子,这个白姓妇女马上跳到街上来,一拳砸向车夫的脸。这一重拳不仅打破了车夫的左眼球,血流满面,还将他击倒在地。

有些下层妇女甚至敢与士兵叫板。一位皮匠的老婆,也是邻里有名的"泼妇",在与一个士兵发生争吵时,扇了那士兵一耳光。挨打的士兵把这一事件向其长官报告,长官会同鞋业同业公会会首到作坊解决争端,裁定错在该妇女。其惩罚是该长官用一根烟管敲头,另外她被迫挂了一块红布,燃放鞭炮,作为道歉。

以上这些故事表明,虽然中国家庭里男人处于控制地位,但也常常有例外。所谓"泼妇"展示了妇女行为的另一面,这与温顺的中国妇女的陈年老套完全不同。

即使从总体来看,妇女是社会中的受害者,但是她们在公共场所所扮演的角色取决于各种因素,包括她们的文化、民间传统、个人性格和经济地位,她们中仍然有一些敢于藐视那些传统的所谓"妇道",在公共场所展示她们的力量和勇气,即使因此而背上"泼妇"的恶名。所以，对那些竭力维系传统道德规范的精英来讲，她们的行为是应该受到谴责和控制的。

妇女参与社会活动

一般来讲，社会的变化允许妇女公开从事更多的社会活动。更多的公共场所包括女子学校、演讲厅、新式商场、戏园、茶馆等都可以对妇女开放。民国初期，有些妇女非常热衷于参加公众政治集会活动。

例如，1916 年夏，在倒袁运动胜利后，成都举行了一个持续若干天的纪念典礼，有万余人参加。这实际上变成了一场大规模的公众娱乐活动。女学生和妇女的出现对民众来说是一个看热闹的好机会。

同年冬，另一个纪念活动在祠堂街举行，仍然有很多妇女参加，吸引了大批"流氓"前去围观。因此，当局令关闭附近的四个茶馆以防止过度拥挤。

引导时尚趋势并在公众生活里相对活跃的女学生，不仅思想开放，而且较少拘束，甚至敢于反击想入非非的男人，有地方报纸的报道为证：

> 某学堂学生二名，同游丞相祠，于荷花池畔，遇女学生十余人。二生注视不已。女生去而之他，二生亦尾其后，接

近逼视。女生中有骂之者，二生反以戏言答之。众女怒，共窘辱之，且批其颊，二生乃抱头鼠窜而去，人皆曰打得好，打得好。

晚清以来，随着现代学校的发展，女学生享有较高的社会地位，因此一些下层女子会将自己装扮成学生。例如据报道，一个木匠的小姨子因为"脂粉太重"，在街上被一群无赖追逐。具有讽刺意义的是，警察没去追究那些无赖，至少根据这个报道没有，但是他们却认真调查了这个女孩。她的姐姐——木匠的妻子——声称她是学生，但是警察发现这是谎言，对这个女孩严加训斥。记者发表评论说，"《易》曰'冶容诲淫'，不知自咎，反冒充学生，以污女学界清名。巡警之申斥也宜矣！"

她假装成女学生，说明女学生在当时是新潮，受社会尊敬。非常明显，警察对待主要来自精英家庭、享有比大多数妇女更高社会地位的女学生，要比对一般民众好得多。精英们对此也是畛域清楚，不容下层妇女染指，否则则是玷污了所谓的"清名"。

虽然不能说，这一时期妇女最终享有了对公共空间的平等使用的权利，但是她们的确扩大了公共活动的范围。茶馆便清楚地见证了妇女社会地位的改变：从19世纪不允许她们进入，到20世纪初对她们开了一个门缝，再到1920年代她们成为常客，以至1930年代她们开始在那里谋生，公众也逐渐增加了对妇女的接受度。

在中国，妇女在公共场所的接受程度，实际上是衡量社会开化程度的一个重要指标。虽然妇女争取活动空间的努力并没有一蹴而就，但至少她们为自己取得了一席之地。

第四章　拥抱新物质文化

　　20世纪初，中国与外部世界的联系越来越紧密；随着贸易的发展，中国内地也成为世界市场的一部分。西方新的物质文化也介绍进了中国内地，电灯、自来水、汽车等新事物的接踵而来，不仅改变了城市的物质生活，也影响到人们的交往方式。新城市空间的开辟，公共生活的扩展，使得城市景观也有了新的面貌。人们开始用新的眼光来看待城市。从晚清到民国，国家始终试图去影响人们的思想和行为，因此国家利用权力去改变大众娱乐，并把其转化为大众教育和改造民众的行之有效的工具。

新物质文化进入城市生活

洋货进入

20 世纪是中国物质生活方式革命性改变的世纪，如果说过去几千年中国人的物质生活变化很小，人们几乎都生活在中国人自己创造的物质文化之中，那么从 20 世纪开始，中国人物质生活的巨大改变，几乎都是西方传入的结果。

当然，像上海这样的沿海口岸城市，受西化影响早一些，但是像成都这样的大多数中国的内地城市，根本的改变就是从 20 世纪初开始的。

虽然早在 19 世纪中叶，西方商品便开始登陆成都，但直到 20 世纪早期才广为大众接受。这种趋势在清人吴好山的抱怨中可以看到：

> 不解何心尊异域，
> 中华造作等弁髦。

图 25　孩子们围观摄影者换胶卷。甘博拍摄于 1917 年的成都。

夸来百货洋真好，

买得些微兴亦高。

这里"弁髦"，意思是过时的东西；"些微"，也就是一些。作者的意思是说，本国的产品受到冷落，而大家都趋新，都要来一些洋货用，这反映了当时人们观念的变化。

国外产品主要来自法国、英国和日本。它们取道长江进入中国内地，包括服装、鞋类、钟表、玻璃器皿、金属制品、烟酒、水果、药品、食品、瓷器、纸张和文具等。日本人山川早水便注意到："这些商品物美价廉，精致美观，很符合中国人的品位。"

如成都最早的购物中心劝业场，有商店出售望远镜、金银钟表和西式小鼓。另一家商店为招揽顾客而用留声机（当时称为"留音戏"）播放"高雅"的音乐，据称来到他们的商店就像是在剧场里听音乐一样。

成都还出现了照相馆，人们可以穿洋装扮洋相拍照，给人们的日常生活增添了新奇的东西。

新开的商店开始出售中国和外国制造的玩具武器，而提督街那些出售弓箭等传统玩具武器的商店则越来越不景气。1920年后，外来商品已占领了相当大的本地市场，这使一些店主感到不安，近人杨慕瑗在描写青羊宫花会的竹枝词中说道：

骈罗商品无余地，

外货多于国货陈。

土物不来难比赛，

提倡催促更何人？

随着日渐增多的外国产品涌入成都，人们的生活方式也有了很大的变化。据清末《通俗日报》报道，过去由于本地产品价格低廉，那些年收入只有几十块钱的老百姓仍能养活自己。但随着清末对外贸易的发展，情况有所改变，本地产品的价格直线攀升，从而导致了手工匠人和其他普通劳动者的生活日渐困难。

新交通工具与道路扩展

20 世纪初成都在物质文化方面的变化尤其体现在新交通工具上。三种新的交通方式——人力车、自行车和汽车——相继出现在清末民初。

人力车是 1906 年从日本引进的，当时商务局责成傅崇矩制造本地人力车，仅用于花会。不久即达到一百多辆，人力车夫都统一着装。

几乎在同时，成都人开始骑上了外国制造的自行车，由于来自外国，直到 20 世纪 60 年代自行车在四川仍被叫作"洋马"。当时也有四川人仿造的自行车，但十分笨重，"以铜板为轮，约重一二百斤，须四人抬之，方能过门限，亦可笑矣"。

20 世纪 20 年代成都出现了汽车，当一辆美国制造的卡车第一次作为交通工具出现时，很多人好奇地涌去观看，他们把卡车叫作"洋房子走路"或是"花轿打屁"。因为对那些从未见过汽车的人来说，排气管的声音听起来就像放屁。

当然还有人被这个新玩意儿给吓坏了，当时报纸都把汽车叫作"市虎"，因为汽车所引发的交通事故经常是致命的，好像老虎吃人一样。

汽车的出现还诱发了许多谣言，它被描绘成一个会杀人的怪物，它的"屁"还能散发出致人死命的毒气。据说大部分的谣言来自人力车老板和人力车夫，他们希望通过谣言来和这个新的竞争者对抗。十几个人力车夫还到码头去示威，抗议卡车的出现。

由于常常有汽车撞倒人力车夫的事故发生，人们害怕汽车会带来危险的顾虑决不是无中生有。但这一新式交通工具的引进确实为道路建设带来了进步，因为它要求修建质量较好、更宽的道路。

配合新交通工具的出现，当地政府也力图改善城市街道。1920 年初，军阀杨森进行了一项大规模的道路修建工程。这一举措的确改善了一些地方的道路条件。比如，推车巷用石板铺了街面并盖住了下水道，据住在那里的外国教师徐维理（William Sewell）说，它成了"一条真正的大道"，崭新而坚硬的泥灰路面覆盖了旧时车辙，铁轮鸡公车禁止驶入该道。

春熙路也是在这个时期建成的。它位于总府街和走马街之间，成为继东大街和商业场之后最为繁华的商业中心之一。成都街道的改造为四川其他地区树立了榜样，一位英国外交官感到"这时的四川具有令人惊奇的现代化程度，许多大城镇都很现代。"成都在过去的几年中经历了"一场全面的改造，它的街道宽敞平坦，房屋商店鳞次栉比，卫生设施完善齐备"。

自来水与电灯

在这一时期，成都的其他基础建设也得到了改进，特别是引进了自来水、电力和电话。劝业场第一个建立了自来水装置。成都最早的"自来水"是由水车从河中取水，注入市里的水池，再由挑水夫送到居民家中，故有人将这讥讽为"人挑自来水"。

1909年《通俗画报》上有一幅漫画，展示了这种早期的自来水装置和挑水工是如何送水的（见图26）。图片上的解释说道："自来水用人去挑，名实不符多，尚待改良。"

当西式自来水装置出现在成都时，许多挑水夫失去了他们的工作。尽管居民们对这些挑水夫深表同情，但他们没有理由拒绝使用如此方便的自来水。随着成都现代化的推进，许多下层民众遭遇了不幸的命运，他们因此失掉了自己的生计。

与此同时，成都开始使用电灯，这一举措重新构建了城市生活，尤其是人们的夜生活。开始时电灯仅用于劝业场的商店、茶馆和公共浴室。随着电灯的安装，市中心区吸引了更多的人，许多人来到市中心仅仅是为了观看开灯的那一瞬间。

自来挑水

自来水闹人五恍惚宾水符 文言得内良

醒基题解
龍頭水用抚减给把水師疎此人据剥十年
肩似缺好将以销運千钧
雅閒事味研题解
淚派水来一肩挑取遍香街自来去
渾上天民题解
運動機關下上汲井水上回
渾閒機關令日何添浮運朝汲取
蚩人工彼采自来此偏往凱歇投錢本鎮公慨
昌保想
鳳月生题解
閒溝連引出山泉劳力已知不自膠如鈥銀虹
朝夕满肩如氣简聊夫錢
梆實里山人
水溝挑水多俗傍摩挲踉蝆呿衍莘龍頭
安諛定采用人力自泠泠
笑語定题解
草田里来挑水亦特已一两桶荷半那不用人力
水陇題解
宽穿盤長源一戧通悅如神為代天功龍油有水
須人汲抬得涓用不累
士心題解
渊頭盛科玖鏊流奔托注多萬戶階堂
廣河的一肩力欲挽天河為瓶名人写劳料
并與劳敬月和鶏益自心监理集家為陽望程
如何若初题解
源頭活水自齊道修埂尤寫汉井中缸吸銀滿
空階落遛將人力補天工

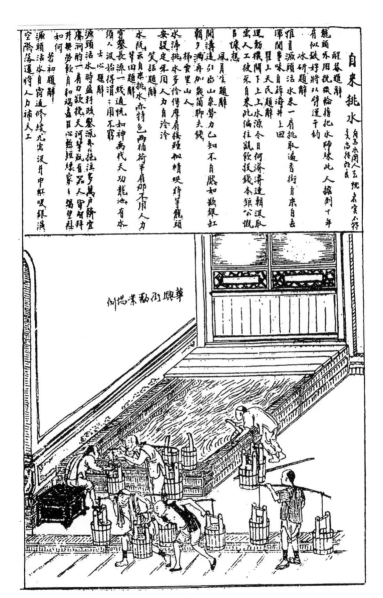

图26 "自来挑水"。《通俗画报》，1909年。

每天晚上茶馆都挤满了顾客，一边喝茶一边等待夜幕降临。开灯的时候，"电灯骤明，华光四射，欢声雷动"。因为"自劝业场电灯开后，游人如织"，刺激了茶馆的兴办。到1909年，据地方报纸称，"成都茶园发达，几有一日千里之势"。那些新开张的茶馆里，"主人亦应接不暇，后来者均有座满之叹"。

同年，启明电灯公司开始为主要的商业区域提供电力。包括上新街、中新街、下新街、总府街和中东大街，这使商店得以在夜晚继续营业，从而吸引顾客和逛街的人。

一开始，大多数人家里都不用电灯，因为电灯比煤油灯要贵得多。但是，启明电灯公司将电灯价格下调了百分之三十到百分之五十，成功地吸引了大量顾客。电灯不仅使商店得以在夜幕降临时能够继续营业，而且鼓励了人们到灯火通明的公共场所度过夜晚的闲暇时光。

这个时期在成都出现的另一个现代化的设施就是电话。虽然不清楚具体的发展过程，但是1909年的资料说明，当警察为了更快地对自然灾害和犯罪作出反应而架起电话杆时，谣言就传开了，说电话会给城市带来厄运。警察发布了通告，劝告人们不要相信谣言。

新式交通工具、自来水和电力的引进不仅为人们提供了便利，还改变了人们的生活方式。20世纪初是一个传统意识形态和物质生活与西方观念和生活方式共存的年代，人们的日常生活虽然没有发生本质的改变，但他们已开始接受一些新的东西，并愿意将某些新的东西纳入他们的生活之中。

　　中国近代接受新事物的规律是，先接受物质，然后接受技术，继而接受体制，最后才是文化。人们对新事物的接受，逐渐渗透进了精神生活，人们不仅能接受新的时尚和娱乐方式，也逐渐接受了新的思想。因此，西方新物质生活方式是最容易传播的，但是对西方的思想文化的接受，就艰难和漫长得多。从洋务运动造洋枪洋炮，到改良维新、改变政策，再到辛亥革命建立新制度，最后到五四时期提倡新文化，便是遵循了这样一个清晰的轨迹。

开辟城市新空间

建立劝业场

在 20 世纪初，整个中国经历了巨大的社会文化变迁，城市便是展示这种变迁的窗口。中国现代城市管理的概念，也便是中国城市"现代文明"，是 20 世纪初开始的。这个"现代文明"，在许多中国城市，就是以设立商业中心（当时一般称"劝业会"，或者"商业劝工会"）和公园为起点的。

从义和团运动之后由清政府发动的"新政"开始，地方精英主持了一场轰轰烈烈的社会改良运动。在这个运动中，改良者试图改造公共空间，改变城市面貌。

城市变革的原因是多方面的，其中包括精英人士对民众公共行为的不满，西方文明对中国社会生活的影响，及其由新的物质文明所产生的新文化。

改良者试图以日本和西方城市为模式对中国城市进行改造。20世纪初的新政在经济、政治、教育等领域给社会带来了巨大变化。

要进入"文明社会",必须打开人们的眼界。社会改良者深信,博览会是推动社会文化发展、促进技术和工商业进步的动力,同时为了实现自己的目标,他们也极力提倡举办庙会,并赋予其新的内容。

1904年,成都劝工局"仿日本劝工场办法",设立产品陈列所。1905年,成都总商会举办劝工会,商品可在该处进行展销。

另外,劝工局和总商会搜集了数百件传统和西式商品在商会总部展览。此后,新型的公共商品陈列场所迅速发展起来。

到1909年成都劝业场建成,容纳了一百五十多家销售高质量产品的店铺,并且以展览国外和地方产品为特色。改良者将其看作成都迈向商业近代化的一个重要步骤。

这个商业中心充分展示了清末民初成都新兴的商业空间和文化。1910年它更名为商业场。在经历一场大火之后,1918年它扩充到三百多家铺面。

1909年《通俗画报》发表了一幅劝业场的图画(见图27)。该商场建于晚清,从图画中,我们可以看到该建筑为典型欧式风格。屋顶还有一座钟,是成都第一个钟楼。劝业场后改名"商业场"。

新商业文化的兴起

商业场在整个成都乃至四川地区都是首屈一指,它集众多商店于一体。此外,其把西洋和传统商品共同陈列,也堪称前所未有,

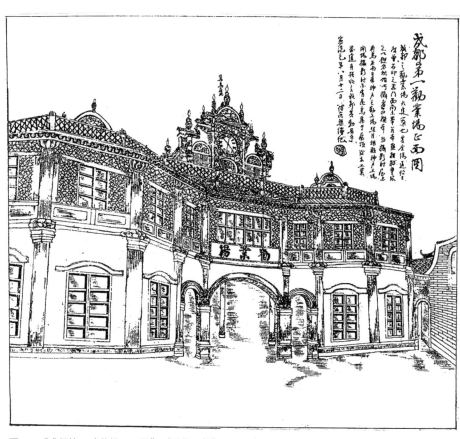

图 27 "成都第一劝业场正面图"。《通俗画报》，1909 年。

从而改变了城市的景观和公共设施的面貌。

这一新兴商业中心不仅吸引了众多的消费者，也启发了人们新经济观念的产生。社会改良者利用这个中心向民众鼓吹"新亦优""旧亦劣"的观念，希望人们通过商业场了解世界，并学会新的经商之道。

事实上，商业场的确反映了成都新兴商业文化的萌芽。在这里，所有的商品都要求明码标价，以减少价格欺诈，这在成都是前所未有的。

因此，中心吸引了全省各地来的买卖人和消费者，商业日趋繁荣。商业场的成功对其他主要商业街区的店铺产生了一定影响，如走马街、东大街和总府街等。大多数商业区也逐渐采取了同样的标价方式。

商业场不仅是一个购物中心，同时也成了公众娱乐的场所。比如，孩子们往往把它当作游乐场。据当地报纸反映，孩子们在那里惹事讨嫌，吵吵闹闹，跳跃爬栏，使商铺和游人都烦恼不已，以致警察出面予以控制。

例如，当小孩对警察的警告置之不理时，警察便强行让他们跪在地上，以"以肃场规"。

商业中心的游览者越来越多，当局担心男女混杂会惹是生非，于是禁止妇女夜间入内；为安全起见，二楼也禁止大量的人流。

据《通俗日报》的统计，仅 1910 年的大年初一，白天有33756 名男性和 11340 名女性游览商业场，当天晚上，有超过

5000 人到此游逛。

文学家郭沫若，当时还是一个读书孩童，就曾在他的作业中写了若干首关于商业场的竹枝词。其中一首是：

> 蝉鬓疏松刻意修，
> 商业场中结队游。
> 无怪蜂狂蝶更浪，
> 牡丹开到美人头。

十分生动地描绘了许多精心打扮、惹人注目的妇女游商业场的景况。也透露了郭沫若这个风流才子，小小年纪便对妇女有那么细致的观察。

劝业场也成为建立新商业文化的先驱。改良者指出商人们养成了很多"恶习"，如对顾客态度的不端。当一名顾客走进一家商店时，店主并不总是起身相迎。

对于农民，他们往往都很歧视或怠慢。他们经常拒绝回答顾客的问题，也不想查验是否存有顾客询问的货物。如果顾客想讨价还价，店主便会大怒并口出恶言，似乎这些店主并不想跟人做生意，他们的所作所为就是要把顾客赶快打发走。

1909 年，由改良官员周善培主持的四川劝业道发布了若干公告，以促进新商业文化，提高当地商业发展水平。其中包括若干项改善顾客服务的规定，如热诚待客，清验存货，引导顾客货比三家等。训令要求店主不能回绝顾客开价，而要礼貌地同顾客磋商，同时也要求他们更有耐心地对待顾客，甚至端茶上烟。

劝业道希望店主们懂得，如果他们优待顾客，顾客可能会因不买东西就走而备感愧疚，至少会改日再访。如果店主谩骂顾客，或者违背职业道德，劝业道将给予警告，甚至令其店铺关门。

劝业道还要求所有商店将一张韵文告示张贴在各家铺门上，严格照章执行：

> 东家教导管事，管事教导先生，先生教导徒弟，彼此自劝自惩。一面真正教导，一面稽查留心。先生如果不听，换去另用好人；学徒如果不听，尽可店主告之铺主，铺主告之师傅，师傅告之学徒。所有商店都要严格执行规定。如果师傅没有照章办事，将被他人取代；如果学徒没有履行，戒责手心。总要从前恶习，从此斩草除根。

对店铺学徒的身体责罚已约定成俗，看来"西化"精英们并不打算改变这个"落后"的做法，他们的措施也有新旧兼具之特点。

传统花会改为劝业会

改良者还顺利地将传统花会改为劝业会。每年春天花会曾是成都最大的公共聚会，对改良者来说，这是可利用的极好资源。

1905 年，商务局"仿外洋赛会之意"，提出将省城青羊宫花会改为商业劝工会。

　　此年候补道周善培主管四川商务总局，便将每年春在成都青羊宫举行的花会改为劝业会，"征求各属所出之天然物品及制造物品，于此时运省赴会，陈列出售，籍资观摩砥砺"。

　　劝业道把青羊宫的传统花会变为商业劝工会后，那里可以销售来自整个四川地区的货物。1906 年春，第一次盛会展出了三千四百多种源于各店铺、工厂及作坊的货物，并提供了住宿、休闲和娱乐的场所。之后，一家动物园在劝工会开业，展出珍奇动物，如独脚鸽子和有鸦片瘾的猴子等。

　　在 1911 年前，此类盛会在成都举行过六次。这的确推动了城市的改良的进程，参观者无不留下深刻印象。官方在每届盛会期间还举行评奖活动，以此鼓励各业积极参与新产品的制造和销售。

　　1911 年第四次劝业会，会场在青羊宫和二仙庵之间。当时任教于四川高等学堂的美国人那爱德还拍摄了不少照片，留下了珍贵的记录。我们可以看到许多临时搭的展览棚（见图 28）。

　　每年春季，劝业会就成为成都一大游览胜地。当春天到来，人们热衷于户外活动，商业劝工会便成为首选之地。

　　由于这个活动有相当大的人流，因此城市的第一条大马路也借机修建，并提供马车以方便市民。在花会期间，农村中常见的运输工具"鸡公车"以其价廉很受青睐，陈宽有一首写于 1911

图 28　成都第四次劝业会。那爱德（Luther Knight）摄，1911 年。

年的竹枝词便半嘲讽似的写道：

> 水程陆路免周旋，
> 花市游人惯省钱。
> 一二十文廉价雇，
> 独轮车子半头船。

最后一句的"半头船"，其实是指鸡公车，因为其车头有点像船头。

公园的建立

清王朝解体后，花会恢复了旧名，每年春天它仍是成都最大的公众聚集活动。

许多记录里都描述了那里盛装的游客、为商贩兴建的棚子、美貌而引人注目的女人，以及人们在这里获得的无尽的欢乐。

按惯例，花会应在农历二月底结束，但不断上涨的人气使其时间延长，甚至到农历三月中旬才闭幕。

过于拥挤的人群也引发了许多问题，如秩序混乱、丢失小孩等等，当地报纸甚至呼吁家长们不要带小孩来此。

从 1919 年开始，花会还办起了一年一度的武术比赛，吸引了更多的人群。

1920 年代，当劝工会因为军阀混战停办多年重新开放时，在举行展览的同时又增设了赛马活动。

公园的建立是晚清城市改良的又一里程碑。少城公园开放于20世纪初，旧址是早年供少城里的旗人训练骑射的场地，随着八旗制度的衰落，其训练场逐渐转化为稻田和菜园。清末新政时期，在该旧场地上修筑了亭子、茶馆、店铺、戏园、花圃等，设立少城公园，成为成都市民的最佳休闲场所。

辛亥革命以后，少城公园继续发展。1913年，教育、实业、内务三司合作兴建了一座展览厅和图书馆。尽管女性不允许夜间在那里逗留，但因为装备了电灯，公园傍晚后也能对外开放。

1914年还新增了一个展厅、一个动物园、一条小人工河和一个池塘，风景也大有改观。

1920年代，军阀杨森邀请醉心于"教育救国"的卢作孚推动四川教育，卢在少城公园设立成都通俗教育馆、动物园和游艺场，对公园重作规划，包括竹林、草坪、花圃、亭台等，面貌一新。

通俗教育馆开办了一个博物馆，分自然、历史、农业、工业、教育、卫生、武器、金石八个陈列室。还设立了一个图书馆、一个讲演厅、一个公共体育场等。体育场内有足球、篮球、排球、网球、田径等设施，成为市民开展体育活动的场所。

城市改良者把改造公共空间和公共生活作为他们的重要使命，在城市改良中所取得的成功使他们的影响力日益提高。为实现城市改良的目标，他们采取了两项策略，一是根据他们的构想

来重新塑造城市空间，二是巩固他们对普通民众的领导地位。从
20 世纪初开始，这些改良精英便在政府的支持下谱写了一首意义
深远的改革变奏曲。

启迪民智，从改良娱乐开始

西式娱乐的引进

20 世纪初是中国的改良时代，也是一个国家机器不断强大、对人们思想和行为不断施加影响的过程。现代化对普通市民的日常生活产生了极大的冲击。新式商品的流入不仅丰富了他们的物质生活，也激发了他们对外部世界的好奇心。

成都这个相对闭塞的城市出现了不少新式学校、书局和报纸，进一步推动了对公共空间和街头文化的改良运动。当成都的大众休闲活动越来越丰富的时候，改良者企图通过新的休闲、音乐、体育等方面的改革来改变下层民众的生活习惯。

1915 年，成都市民第一次看到了飞机表演，听到空中传来飞机的声音时，他们爬到屋顶去观看。飞机撒下五彩缤纷的纸片，"见者无不拍掌称快"。这时，成都人还第一次看到了外国表演团的演出，上千人在关帝庙观看了日本魔术团表演的"电术"和"变术"。

新式学堂带来了西式的公共演出和体育运动。在某种程度上，学生已成为传播新型大众休闲娱乐方式的一个重要群体。例如，幼孩教养工厂就组织了一个行进乐队，经过几个月的排练，这支队伍已能胜任"行奏"和"坐奏"，工厂还对外出租乐队以"改进文明"，据称"声音之道，感人最深，移风易俗，莫善于乐"。

成都市民经常在大街上看到学生们"排队前行，大大小小的队伍，或走单排，或成双列，举着旗帜，拿着鼓号，径直朝操练场走去"。1906年，第一届学校运动会在北较场举行，那里平出了一大块椭圆形场地，四十多所学校和一支军乐队参加了这次比赛活动。

20世纪20年代后期，成都引进了一些诸如足球等新运动项目。跳舞补习社也修建了训练的舞厅，男女分开学习。甚至贝多芬的作品也开始公开演奏。在新式娱乐活动的冲击下，一些传统的娱乐形式，如木偶戏和皮影戏，由于缺乏竞争力而逐渐失去了观众。

这些对新文化生活的描述虽然不尽完备，但却清楚地表明这个年代所发生的种种变化。人们的消费方式无论是内容上还是形式上，都发生了很大的转变——从地方戏剧的改革到新剧场、新茶馆、电影、热气球、飞行表演、乐队、舞厅及交响乐等等。

电影至少在1909年已引进成都，也可能是成都的第一个"现代"意义上的娱乐。在《成都通览》中，一幅"电光戏"图画（见图29）的说明称，傅崇矩从日本带回了一台可在公共场地放映的电影机。电影吸引了许多人，如在新式茶馆戏园启智园、可园和玉带桥等地放映外国电影，总是顾客盈门。

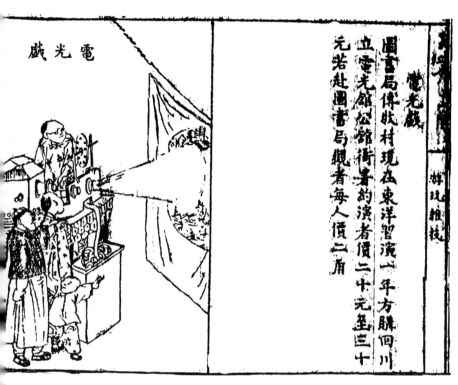

電光戲

圖書局係歧村現在東洋習演一年方購回川立電光館於館街書約演者價二十元至三十元若赴圖書局觀者每人價二角

图 29 "电光戏"。《成都通览》，1909—1910 年。

1909 年的《成都日报》上，便经常刊登"活动电戏"的广告，从下面的节目广告，可以看到放映的电影包括了鬼怪故事、伦敦景致、海军训练、日俄战争和西方魔术等内容。改良者认为，外国电影在倡导英雄主义、忠诚、信任方面有独到的效果，因为这些电影总的说来是写实主义的而且合乎情理。

所有这些变化中最具深远意义的是，流行的休闲娱乐方式吸取了西方的新元素。这个内陆城市有机会接受非中国式的娱乐方式。这种文化观念的转变反映出了物质生活方面出现的新因素以及整个社会的演化。

改良地方戏

国家和改良精英总是寻找各种机会对民众加以引导和影响。由于地方戏仍然是最流行的公共娱乐方式，改良者便首先进行戏曲改良。

改良者怎样理解地方戏剧与社会的关系？他们明白戏曲会影响甚至培养公众的品质，也相信改革地方戏是改革社会风俗的最好方法之一。他们宣称"时常演些改良的新戏，大概于社会人心上不无小补吧"。

《通俗日报》上有篇文章解释了人们愿意花钱、花时间看戏剧的原因：首先，看戏能帮助人们"排除忧闷"，如果让一个病人或身陷困境的人成天待在家里，他极有可能沉湎于苦境而更感不快。但如果他花一点钱，和朋友们一起去看场戏，他也许会想点其他的事，感觉也会好些。其次，看戏可以"活泼心思"，当学者或学生"脑筋枯窒"时，看戏能使他们茅塞顿开。最后，看戏能"陶冶道德"，尽管戏剧情节时有荒谬并曲解历史，但却能触动人们的心灵并引导他们明辨是非。文章总结说，戏曲改良能促进一种新社会环境的形成。

社会精英和政府都担心旧戏曲会给人们的思想行为带来负面影响，因而戏剧改革就非常有必要。1903年，新成立的警察局专门制定了《检查戏本肃清戏场规则》，要求"各戏班先以其所有戏文呈验警察局"，凡"悖逆淫荡、有害风俗者，应行禁止"。甚至警察还可以规定"禁唱某句或某节""其演唱之时或有戏异而词气之间不免悖逆淫荡者"，警察也可随时令其停演，试图以此办法来"净化"戏园。

在成都总商会的支持下，以谱写和排演旨在"感化愚顽"的戏曲改良会成立了。该会以良家女子、处女和寡妇为关注的对象。改良者认为，如果让她们观看"淫戏"，其后果不堪设想。因此，一位改良者提出，"劝劝认识字、懂得理、顾廉耻、保名誉、管得了家里的人、作得了女子主的诸君子，千万别叫妇女听戏"。

这里作者对戏剧的社会功能持基本的否定态度，虽然他一方面谈改良，另一方面则鼓吹男人对女人的进一步限制。他甚至暗示如果让自家妇女去看戏的话，便是"作不了女子主"，以利用过去男人普遍具有的大男子主义和自尊心，来达到约束妇女参加公共活动的目的。

因此，对这些精英来说，当谈到戏曲改良时，他们是改良者；但当涉及妇女进戏院时，他们又成为保守派。这种自我角色的冲突经常体现在他们身上。

改良者把他们的主要矛头对准"凶戏"和"淫戏"。那么什么是他们所定义的"凶戏"和"淫戏"呢？改良者傅崇矩认为，"淫戏"是指那些有男女演员拥抱，或女演员裸露部分身体部位的戏剧，还有一些更不能登大雅之堂的动作和声音，如"生旦狎抱也，袒裼露体也，帐中淫声也，花旦独自思淫、作诸丑态也"，此外若"目成眉语""手足勾挑""荡人情思"等，都可以是"淫戏"的证据。

而所谓"凶戏"，是那些在舞台上"真军器比武也，开腔破肚也，分解尸体也，活点人烛也，装点伤痕、血流被体也"。他们认为这种戏鼓励"失教之子弟，习于斗狠"，传授持刀耍横的坏招。

这些定义反映出了极强的儒家伦理观、价值观及思想体系。精英们相信，"淫戏之关目禁，可使成都奸淫之风渐稀；凶戏之关目禁，可使成都人命案日少"。

在他们所谓"凶戏"和"淫戏"的定义下，许多传统的鬼怪、情爱、公案等主题的戏剧都可以成为禁止的对象。因此，在戏曲改良的大旗下，传统大众文化面临精英和正统文化的又一次打击。

随着城市改革浪潮的推进，新兴的地方戏和其他娱乐形式在成都相继出现，出现了一些从内容到语言都有明显变化的剧目，一些以历史和时事为基础创作的新戏也应运而生。

新戏园

总的来说，这些新地方戏剧表达了一个明确的政治动向，那就是支持"新思潮"。改良者在悦来茶馆里建悦来剧场，成为成都最早的新式剧场之一（比下面提到的"可园"稍晚一点），并筹备了一个旨在改良地方戏剧的新戏班。这种新式戏园为新兴知识分子提供了沟通合作的中心，并在地方政治的转型过程中发挥了重要作用。

尽管精英们全力支持这些新戏剧的发展，然而对待艺人的态度则依旧如故，对这些推行新戏的主体——"优伶"仍十分歧视，甚至他们最低的要求也常被无理回绝。

例如，花会会场入口分男女，但是管理者却就男演员的进入问题伤了脑筋。居然请示，是否应该让男演员从女性入口进入。当然官方并不支持这个荒唐的提议，但官方的答复和解决办法却清楚地反映了当时社会对演员的看法："该优伶虽与普通男人有别，但仍属男人。未便如照准。令其由大西门绕道入会场。"

其他人也认为演员的"优伶"品质低下："我们中国向来把优界中人看得最贱，所以文界人，不为出头提倡。你想既拿优界中人，当著娼优隶卒，并且把唱戏的人，拿在妓女一块儿比较，这样一来，那些个高明的人，还肯到大舞台来演戏吗？"

这个例子以及官方关于演员的规章限制都表明了，社会改良者对演员持有的强烈偏见，他们甚至不把演员当成享有和他人同等权利的正常人看待。改良者认为，正是那些演员，使得戏剧的改革变得愈加困难。因此，他们强调"提倡新戏，须先改良优界之人格"。

在这种趋势的影响下，茶馆和戏园也开始引入新风格和新时尚。1906年，成都的第一家新式大众剧院可园在会府北街开张，这是由咏霓茶社改良而来。开张之初，允许妇女进入，但男女座分开。然而妇女进入戏园，人们好奇围观，不时引起骚乱，随后女性即被禁止入内。

民国初期，一些新茶馆也试着引入了几种新的娱乐方式。例如，1912年开办的陶然亭茶馆，其宣称的"本亭特色"就有所谓"文明游戏"，包括"地球"和"盘球"。据称，这些运动"仿自泰西，盛于京沪"，而且"足资消遣，有裨卫生"。这里所谓"地球"就是保龄球，"盘球"就是桌球。

这个新茶馆还提供电话，从而"信息速于置邮"；并准备了报纸，"世界之情形，了如指掌"。一直扮演开拓者角色的悦来茶馆，率先在1920年代引入了话剧。新的娱乐设施常常能吸引更多的顾客，所以这些茶馆得到的利润也就更为丰厚。社会改良之风无疑有助于这些茶馆的趋新，但毫无疑问推动这些创新的根本动力是追逐利润。

流行的休闲娱乐方式吸取了西方的新元素。这个内陆城市有

　　　　　　　　　消失的古城（增订本）

机会接受非中国式的娱乐方式。这种文化观念的转变，反映出了物质生活方面出现的新因素以及整个社会的演化。

这些对新文化生活的描述虽然不尽完备，但却清楚地表明这个年代所发生的种种变化。人们的消费方式无论是内容上还是形式上，都发生了很大的转变——从地方戏剧的改革到新剧场、新茶馆、电影、热气球、飞行表演、乐队、舞厅及交响乐队等等。所有这些新的娱乐方式，都成为改良者试图改变民众思想和行为方式的工具。

第五章　改良就是更多的限制

　　在传统中国城市，公共空间的使用是非常自由的，因为没有相应的机构来控制城市或者对城市进行精细的管理。其实在警察出现之前，中国城市是基本自治的。然而20世纪初，随着国家机器的现代化，城市管理机构开始萌芽，这就是警察的出现。警察不仅保证城市的治安，而且对城市的事务介入可以说是无所不包，从卫生、交通，到禁止打麻将、吸鸦片，以及改良妓女、消防等等，都在它的职责范围之内。为了改变城市形象，警察也花了非常大的气力解决城市中日益增多的游民和乞丐。由于越来越严密的控制，不可避免地限制了下层民众对公共空间的使用，影响了他们的生计，因此他们自然而然地会对这些改革持抵触的态度。

警察的横空出世

警察是城市改良的产物

警察是一个西方的东西，也是近代的产物。在没有警察的时候，人人都可以自由使用街头，摆摊设点，牛马车、轿子等自由穿行。农民早晨挑担进城卖货，晚上出城，街头就是他们的市场，可以说是一个"自由世界"。但是，传统的城市也并不是混乱不堪，过去街道和社区都有自治的组织，包括土地会、善堂、行会、会馆等，担任卫生、防火、治安等职责。

但是警察一出现，首先就是剥夺这个自由使用权。警察在中国的设立，是义和团之后，清政府搞新政时，从西方学来的。袁世凯最早在中国实施警察制度。1902年，时任北洋大臣的袁世凯在天津进行试验，定警务章程，"于保卫地方一切，甚属妥善"。清政府觉得这个主意不坏，就命令"各直省督抚仿照直隶章程奏明办理"。

现代概念的市政府，是辛亥革命以后才出现的。那么，过去没有市政府，没有警察，城市又是怎么管理的呢？还是以成都为例吧：在川省未办警察之前，成都设有保甲局，分东、西、南、北四门为四区，每门为一分局，各区内分段管理。下面设有街班，分段负责治安。

现代化城市管理，向西方学习，就是加强城市管理。警察在中国出现，就是这样一个标志性的事件。1902年，署四川总督岑春煊刚到四川上任，便雷厉风行，当年便在川省设立警察。在他的奏折中，解释了为什么办警察是当务之急：他到川之后，鉴于"其户口之稠、伏莽之众，民教交涉之繁"，认为"举办警察尤为刻不可缓之务"，便积极开办警政。上面提到的"民教交涉之繁"，"民"是指一般市民，"教"是指西方教会（传教士和教民）。

要办警察，哪里去找人呢？警察这个东西，当时真是新事物呢，没有人懂是怎么一回事，正如岑春煊所说：各地官吏和官兵"于警察之学，概乎无闻"。如果依靠他们来办警，"不过聚此等官吏兵卒而畀以实行警察之权，是名为托以治安，实则速其扰乱"。就是说不但不能帮助治安，反而添乱。

因此首先必须训练警察。于是按京师、直隶设立警察学堂前案，创办四川通省警务学堂，"挑选文武员弁入堂肄习，期在造就速成警员"。选择的标准是："年轻体壮，粗通文理，朴实耐劳者"，总共150名，于1902年12月正式开学。毕业生先由警察总局发给临时文凭，先在省局见习一月，然后分发各地实习半年，期满后报请总督衙门换发正式文凭并分配工作。

1903 年春天，在成都正式设立四川警察总局，这成为全省办警察的样板。将成都分为东、南、西、北、中及外东六区，每区设一分署，委任署长一人；每区内分设派出所数处，全城共有派出所 30 余处，后增至 50 余处。每巡警十人设一警长，开办初有巡警 800 余名，后渐增至 1200 余名。过去的保甲及街班一律取消。

户籍管理和规范公共行为

城市改良者一直设法重塑下层社会的价值观念和行为习惯，警察的建立，为推行他们的理想提供了有力的保证。因此，在晚清，社会改良者们热切地支持警察主持的社会改革。改革的很多措施是从日本直接借鉴而来。

成都警察通过整顿街道和公共空间来扮演社会改良者的角色，他们希望通过改造城市公共空间和纠正下层民众的公共行为，来提高"文明"程度，使之与省城地位相吻合。

警察开始进行户籍管理。要求所有住户，无论是住在街边还是公馆里，都要登记他们的名字、年龄、出生地、职业，以及其他男女家庭成员和仆人的数量、名字和年龄。该表一式两份，一份在离其居住地点最近的警察分所存档，另一份则挂在每家门前。对那些警察怀疑有犯罪行为但没有直接证据而不能逮捕者，则在其门前挂"监视户"的牌子。1910 年，警察还承担了人口普查的工作。我们现在之所以知道晚清成都人口比较准确的数字，就是因为这次人口普查的结果。

成都警察一成立，就开始进行街头管理。老百姓的外表和行为，包括穿着和言行，都是其关注的对象。

在街头，警察可以调查或逮捕那些他们认为"危害"公共安全的人。他们可以使用各种含糊不清的借口，诸如"言语粗鄙""行为不端""装束怪异""胡言乱语"、唱"乱七八糟"的小调，或是聚众喧闹、"扰乱秩序"等等，来进行干预。

警察还首次对交通、卖淫、赌博、卫生以及特殊人群的行为进行规范，包括对和尚、尼姑、收荒、端公等人严加控制。

控制公共空间意味着对街头活动的限制，也就给普通民众尤其是那些在街头谋生的人的生活带来了极大的不便。

街头和交通整顿

成都首次进行交通整顿，当时轿子和马车是城市最主要的交通工具，但它们的数量越来越多，交通事故和伤人的事件时有发生。为了改变这种局面，警方颁布了《整齐舆马及行人往来规则》，要求所有的轿夫、马车夫遵守交通信号，违者将受到处罚。

同时，警察要求轿子和马车在晚上必须点灯，马车还要挂上铃铛。人力车是晚清才在成都出现的交通工具，也频繁地引发交通事故。由于这种车从日本传入，故当时称"东洋车"。

图30 北门挑货担的人们。甘博拍摄于1917年的成都。

为了解决这个问题，警方要求所有的人力车必须靠马路右边行驶，控制车速，不能乱停乱放。对违规者根据具体的情节分别处以 50 文的罚款或是体罚。警察局还给人力车夫颁发了一种印有红色号码的白色木牌作为执照，没有这种执照的人力车不能上街。如果出现事故，警察将根据情况没收车夫的执照。

鸡公车（即手推的独轮车）也在被限制之列，例如那些居住在"整齐完善街道"上的居民，由于鸡公车容易压坏路面，他们很是反感。他们如果不想让鸡公车通过，可以要求警察局立一个禁止鸡公车出入的告牌。

新的交通规则还禁止人们在马车经过时燃放爆竹。如果马匹受惊狂奔，街众要关上街前街后的栅门（过去，成都街两头都有栅门，夜晚关门，以利治安），骑马者负责赔偿所有损失。此外，六岁以下的儿童禁止在街头玩耍。街上的居民不得把私人物品堆放在街道两旁，必须拆掉所有的附加在住宅外的棚子及其他阻碍交通的建筑物。

过去，中国城市到了晚上都是一片漆黑，路灯是晚清介绍到中国的。装上街灯，改善了城市的景观和夜生活，同时也扩展了公共空间。没有街灯的街道晚上非常危险。正如一位西方犯罪学专家所言"一盏灯就像一个警察"，他甚至还强调他"宁愿这里有更多的电灯和整洁的街道，而不是法律和公共准则"。

在成都，早期的街灯是油灯，由警察雇佣的更夫负责，一个外国人描述道："油灯安装在间隔不远的一根根矮柱上，每天晚上都会点燃。"所有的住户都必须支付"灯油捐"。辛亥革命之后，街灯的管理转由地方"团防"负责。根据警察局当时收到的居民的抱怨可以看到，这个时期的街头的油灯非常微弱而且经常熄灭。尽管早期的街灯有许多这样或那样的问题，但是它们使夜晚的户外活动成为可能，并给城市带来了新的面貌。同时，这些街灯还有其他的用途，比如，轿夫们可以根据它来确定路程，从他们路过的街灯数来决定道路的远近，以收取相应的费用。

警察还对街头商业活动进行了限制。根据新的规章，小贩不得在十字路口摆摊设点，沿街的货摊不得超过建筑物的屋檐。那些像四个城门附近的临时蔬菜市场，一般在早上10点钟以前收摊，摊主们必须轮流清扫市场。

为了不影响交通，警察还规定小贩和摊主不得在像北门大桥这样的交通繁忙地带摆摊设点。警察甚至对价格进行严格管理，例如当粮食价格增长太快，警察就会在各个粮食经销点进行监督销售。

控制街头贸易和劳务市场

警察对一些街头贸易进行了严密监视，特别是对经常有销赃行为的收荒市场进行限制。晚清的成都有七百多户人家以此谋生。根据新的制度，这些从事二手货经营的小贩必须有一个"铺保"，还要与其他两个住户构成一个"连环保"。

这些收废品的小贩在警察严格的控制下从事经营，一切行动必须按规定进行。这些规定包括：在早上开门和晚上关门时，收荒匠不得进店，交易也只能在户外进行。他们不能买进枪支、赃物、官方财产，不得从穿军服的人手中购买任何东西。他们必须记下出售者的姓名和地址，必须保留货物至少五天才能再卖出。

收荒匠还有义务协助警方追拿小偷，当有可疑人员来销赃时，他们必须报案。收荒者若要搬家必须得到警局的许可，而非成都居民不得从事这种买卖。另外，收荒者无论是开铺子、摆摊子，还是挑担子，都必须在前面挂上牌照，而没有许可证的人则会受到惩罚。

警察还对街头劳务市场进行管理，特别是对所谓"人贩"进行控制。虽然"人贩"从字面意义上看似乎是指从事人口买卖的人，但实际上在清末民初的成都是指合法的雇佣经纪人，尽管他们当中也有少数人从事拐卖人口的违法勾当。

按照警局的命令，所有的雇佣经纪人都必须迁到西御河和皇城边街居住，在警察的监视下经营和生活，那些不服从这一命令的人则不允许继续从事这一职业。

民国初年，西御河沿的后子门成为最大的劳务市场。由于不少妇女特别是奶妈和女佣也在这个劳务市场求职，拐骗妇女的事件时有发生，这使警察对这里的活动分外警惕。警察局力图控制经营的各个环节，例如要求所有的经纪人注册登记，必须在门上挂木制标牌，以表明已获得营业执照。一旦有人被雇佣，经纪人必须把受雇者的薪资和地址记录下来。那些从事婚姻介绍的经纪人有义务把当事人的背景打听清楚。经纪人不得为青楼妓院拉皮条。同时，如果受雇者偷了雇主家的东西，其经纪人将为此负责。

我们可以看到，在20世纪的头20多年里，由于没有正式的市政机关（成都市政府直至1928年才成立），警察扮演着三重角色，即负责地方安全、进行城市管理、推行社会改革。警察实际上为以后的成都市政机构奠定了基础。现代化是一把双刃剑，一方面城市需要有序的管理；另一方面，有序的管理会剥夺人们的一些自由。怎样进行有效的平衡，是当局需要不断思考和面对的问题。

卫生的现代化

消灭街头垃圾

从 20 世纪初以来，许多社会改良者便认为，一个城市街道的面貌直接反映了这个城市文明的状况，这或许可以解释为什么许多社会改革都力图通过推进卫生状况来提升城市形象。

19 世纪后期，一位到成都的法国人曾抱怨道，他曾"误入不通之巷，时须跨过垃圾之堆。街石既不合缝，又极滑达，经行其上，跌撞不止一次"。

有的街道正如傅崇矩在《成都通览》中提到的一样，"秽物之堆积，恶气触人"，若是阴雨天则道路泥泞，外加"屎酸粪汁及一切脏水"弥漫；晴天则"尘埃四塞，霉菌飞扬"。

传教士也观察到，成都由于街头环境糟糕，女士们很难在街上行走。在街道的每个拐角处都会有"难闻的垃圾"，人们把垃圾倒在街上，而"肮脏的猪、家禽和老鼠就以这些垃圾为食"。

1903 年成都警察出现后，才真正开始解决卫生问题。警察对街头卫生进行整顿，令清除垃圾和动物的死尸，病猪肉不准运入城，街边尿缸一律填平，各街厕所改良尽善。除此之外，社会改良者还提出了其他保持城市卫生的建议，比如要求赶牛车的车夫和街道清洁工随时清除牛粪，把难闻的皮革作坊迁到郊外等。

他们还建议为了保护人们的健康，禁止挑水夫从御河取污染了的河水。当时的成都人都有饲养家畜的习惯，像猪、羊、鸡、鸭等大都在街上放养。为了改进卫生状况，警察局严禁一切家畜出现在街道上。

警察也对食品卫生进行管理。比如不准出售不新鲜的肉类，如果有人违反规定，一旦发现，货物就会被没收。警察禁止出售蛙肉，因为卖青蛙的农民将蛙皮剥下，蛙肉很快就会变质。一些牛肉商店打折出售变质的牛肉给街头小贩，穷人因这种肉便宜而购买，成为肠道疾病的受害者。警察发布公告禁止销售这种不卫生的牛肉。

另外在夏季，猪肉到下午会变味，一些屠夫以抽奖的方式进行促销，即给获胜者提供1斤打折的"变味猪肉"。警察一旦发现病猪、马、牛肉，就会当众把肉扔进河里，并对肉贩进行处罚。

从晚清开始，警察局开始雇佣街道清洁工。根据传教士裴焕章（J. Vale）记载，他们穿着前后写着"清道夫"三个字的制服，工具是一辆手推车、一个柳条编的篮子和一把扫帚。所有的家庭必须在7点钟之前把家里的垃圾拿出去，清道夫把收集的垃圾运到指定的地方堆放并清扫街道。

当时清道夫的社会地位并不是人们想象的那么低，因为他们是被警察雇佣的，所以认为自己是"官方雇员"。《国民公报》1914 年的一篇以《清道夫之恶焰》为题的报道，指责一个"欺压人民"的清道夫。文章说，一个清道夫推着垃圾车在街头横冲直撞，撞倒了一个妇女和她的小孩。他不但不道歉，还破口大骂。他的行为激怒了居民和行人。该报道也愤愤然："清道夫何人？不过巡警部分之走卒耳。"

当然，这个报道是想要抑恶扬善，但字里行间仍流露出对清道夫的歧视。如果真是一个"官家人"在公共场所耀武扬威，不知这位作者是否会也同样地义愤？

然而在 1920 年代以前，清洁工还不是很普遍，居民们仍是各扫门前雪。按照传教士的说法，经常是"人们在自己家门前拿着一把小扫帚把垃圾任意地扫成一堆，直到有人想彻底地清洁街道时，这一堆堆的垃圾才会被弄走"。

当局要求城市居民为公共卫生各尽其责。1928 年颁布的卫生规则规定："不准由楼上或墙上抛弃什物或倾倒茶水于街面或人行道上""打扫临街楼房，应先洒水，然后扫除，不得使灰尘飞扬""污秽之衣物，不准晒晾檐下及人行道上"，等等。这些规定都说明了警察的卫生管理已经深入到每家每户。

修建公共厕所

在传统中国城市，厕所的概念并不清楚。几乎每个城市就是一个露天的厕所。到了近代，中国城市的卫生状况非常差。八国联军进京后，发现北京遍地屎尿，垃圾堆积，臭气熏天。那时候，中国人对城市卫生基本上没有什么概念。结果德军发布了一个禁令："各街巷俱不准出大小恭，违者重办。"八国联军用枪杆子，逼迫北京人建立公共厕所，这样才开始了中国公共厕所的历史。几年以后，随着晚清城市改良运动的发展，公共厕所开始在成都推广。

1903 年，四川警察总局令按照政府规定修建公共厕所。1906 年，警察发布了修建公厕的标准。根据新的规章，这些过去街边的"尿坑"被填平。如果有谁在街上小便，就会被处以 50 文的罚款，对于那些付不起罚款的人则责令其劳作一天。

但当时，在街上小便的事情还是经常发生，有时还会引发违规者同警察之间的冲突。一则新闻报道了这样一个故事，一个"粗人"晚上在街上撒尿的时候被警察逮个正着，他不仅不服管教，还攻击警察。当警察准备把这个藐视法律的人带到警局时，他猛击警察一拳，然后逃之夭夭。第二天他以违反卫生法和袭击警察的罪名被逮捕。

但直到民国初年，居民对有关卫生法规仍然置若罔闻，公共厕所的问题也没有得到解决。1914 年 4 月，警察局命令警察改进公共厕所的卫生状况。警察局采取了一系列措施禁止在街头小便，违者坐一天监狱或支付至少一元的罚款。但这似乎没有起到明显效果，当局认为这是执法不严之故。因此，7 月进一步颁布有关"训令"：

> 各街茅厕内，皆狼藉臭秽，最碍卫生。迭经勒限改良，添役清扫，以冀遵守……查现在厕所仍多玩忽不治，与昔无异。臭秽之气，几于更有过之。此虽厕主等积久玩生，而该管员警等，督饬之疏，已可概见。合再令饬各区署所，查照先令训令，严加整率，恒久忽懈。倘仍漫不加意，一经查出，定将该管署所员警等，并予处罚不贷。

尽管有了新的规定和公共厕所，甚至可能坐牢一天，但是仍有人继续在街头小便。《国民公报》报道了这样一个故事：一个公馆坐落在一条僻静的小巷，行人经常在其门口小便。主人便在墙上贴了这样一则告示："往来人等不得在此小便。"但是有一天，他正好撞见一个人在那里撒尿，便有了下面两人的对话：

> "我有告白在此，汝无目耶？"
> "我看清楚，才窝的（'窝'为成都方言，即'撒'的意思，准确地说应该是'屙'）。你那告白明明说是'往来人，等不得，在此小便'？我至此实在等不得了，故尔小便。是你许的，然何又干涉我？"

如果在不同的地方断句，这个男人便是对的，但是很显然他是在故意曲解，并对这个告白进行公然的挑衅。不过，这也倒显示了成都人时常有的那种幽默感。

掩埋无主尸体

警察局还强行对那些停放在寺庙里的死尸进行埋葬。成都是一个移民的城市，很多人是在明末张献忠之乱后来到成都，有的则是在清初城市重建时来到这里，另外每年不知有多少外来人到此做生意或谋生活。像其他中国人一样，他们都有"落叶归根"的习俗。这些移民死后，他们的遗体必须送回家乡安葬。

在这一切安排好之前，灵柩会暂时停放在城外的寺庙内。由于种种原因，有些死者的家属未能按计划把这些棺材运回家乡安葬，有些在寺庙里一停就是几年，甚至是几十年，有的则完全被遗弃了。

1909 年，警察公所报告仅东门和北门外的寺庙里就有 327口棺材，其中有些自同治年间所置，已经在那里停放了三十多年。据描述，在这些庙宇里，"木椁摧残，尸骸暴露，折肱断肢，四散横陈，惨状戚容，几难罄述"。

警察因此发布了一个告示，要求死者家属在三个月内埋葬所有的棺材，无法找到家属者，其同乡应帮助安葬，否则警察将自行处理。尽管当局希望改变这个"陋习"，但显然这种行之已久的风俗并非一朝一夕所能结束，这种习惯在 20 世纪 30—40 年代

图 31　抬棺的人。甘博拍摄于 1917 年的灌县（今都江堰）。

图 32　街头送葬的孝子。甘博拍摄于 1917 年的成都。

仍然存在。

这些关于城市环境的改良，都反映了警察当局为改变城市面貌做出的努力。警察所制定的各种规章，尽管在执行过程中面临不少的困难，但仍然取得了不小的成就。例如像强制的交通控制和市场管理，以前从未在城市中出现过；而有些管理和控制虽然曾经存在过，但现在由民间组织负责。不论是前者还是后者，当警察接管之后，都大大地提高了运作效率，而城市面貌改观的事实又为进一步的改革运动提供了有力的支持。

推进公共卫生可谓是步履维艰，这倒从一个角度反映了整个城市改革的难度。我们应当认识到，并不是只要改革对民众有利，就会受到民众的配合和支持。因为事情往往是，他们在得益之前，首先是受了限制，他们传统的生活方式被迫发生改变，即使他们不公开反对，也会消极反抗。另外，从上面的训令我们也可以看到，执行者的不作为或不认真履行职责，也是卫生改革进展迟缓的原因之一。

打麻将曾经是犯罪

警察打击打麻将

现在的成都，打麻将赌输赢无处不在，成为市民们主要的娱乐活动之一。不过，不要以为这是中国国粹，认为玩麻将是自古亦然，是人们的自由选择。殊不知，这个大众娱乐活动，在 20世纪初的成都，却一度被定性为犯罪活动。

将麻将视为社会问题，发轫于晚清的城市改革，其时新式知识分子和地方精英将打麻将视为恶习，认为它既浪费时间，又是赌博行为，因此当在查禁之列。1902 年成都一成立警察，便采取措施禁止鸦片和赌博，两者都被当作是犯罪之后，这些活动就成了警方打击的重点对象。

晚清禁烟运动获得了一些成功，到 1911 年，鸦片的使用差不多就完全终止了。而禁赌则艰难得多，因为其经常在公共场合发生，但很难与其他许多娱乐活动特别是打麻将区分开来。而打麻将既是一种娱乐方式，亦为赌博的主要手段。

与吸食鸦片不同的是，以打麻将为主要形式的赌博行为往往发生在公共场所，难以和其他娱乐形式严格区分开来。在晚清针对此问题的政令非常严格，警察挨家挨户、在街头巷尾展开搜查，尽可能搜集经营者、参与者和赌博组织的信息，并对违规者施行逮捕，加以罚款或体罚。

清末的成都有各种各样的赌博，如斗鸟、玩牌、打麻将等，这些活动经常在街头、巷尾、桥下、茶楼、烟馆、妓院等地方进行。改良者认为赌博危害甚大，由此造成的家庭纠纷和悲剧比比皆是，也因此扰乱了社会秩序。

他们揭露一些赌棍经常设置圈套，骗取没有经验的参赌者的钱财。在20世纪初，改良者就呼吁警察将这些"著名害人之赌棍"送进监狱，警察局也颁布了规章制度来禁止此类行为，打麻将这一传统娱乐活动也被禁止。

麻将使人堕落的宣传

社会改良者写了很多关于麻将使人堕落的文章来支持这项政策。例如，《通俗日报》刊登了以韵律诗形式写成的《麻雀十害歌》（过去称麻将为"麻雀"，今天日本仍然用"麻雀"这个词表达），每行四个字，便于理解和传诵：

麻雀之害，

多不胜述。
劳神伤财，
妨误正业。
习成贪很，
最坏心术。
一朝争闹，
亲友断绝。
长幼不分，
男女混杂。
深夜不休，
失火失窃。
流毒传染，
风驰电掣。
举国若狂，
老成饮泣。

然后罗列十个方面的危害，按职业分别描述了打麻将怎样毁掉人们的健康、道德和家庭，参与赌博的官僚、士绅、学生、教师、商人、士兵和年轻妇女最终会有什么样的严重后果。如，官员打麻将赌博：

长官雀戏，

授下以隙。

傜属荒唐，

不能戒饬。

县官好赌，

懒检讼牒。

四乡莠民，

赌馆林立。

如果商人打麻将，则后果是：

商界好赌，

店规不立。

伙友偷盗，

难于觉察。

千金一掷，

资本消灭。

商务败坏，

店铺倒歇。

如果是妇女打麻将，则是：

儿女学赌，

不务正业。

家政不修，

害在眉睫。

淫盗生心，

门户不密。

在这首《麻雀十害歌》中，改良人士宣称消除赌博是建立"文明社会"的先决条件，甚至认为"赌博不除，宪法不立"，这即把赌博与国家的政治前途联系了起来。

他们努力推行流行于欧美国家的"健康"活动，提倡人民"打球练习，赛船赛马"，鼓励人们去"运动之场""练身之房""园林遨游""弹琴咏歌""围棋象棋""阅书报社"，认为这样才能"社会改良，务达目的"。

《通俗日报》还发表了一篇题为《宣讲禁止赌博白话》的文章，该文用日常口语描述了赌博的罪恶：

提起这赌场中人来说，

那（哪）一个是不聪明的，

那（哪）一个是不狡猾的？

他想到世间的，

读诗书的人，

做生意的人，

做庄稼的人，

做工艺的人，

个个都想挣些银钱。

个个却不能顷刻间，

挣得许多银钱。

惟有那赌场中，

我的运气来了，

雪白的好银子，

横一堆，

顺一堆，

宝盒子一揭开，

众人都落眉落眼，

一齐输了，

我就赢了。

赢得好快当，

赢得好快活，

趁那时买些房屋，

买些好衣服，

一霎时就完阔起来了。

岂不是赌场中，

能够凑合人的好处吗？

因为如此，

赌场中的朋友，

个个讲究，

要熟读宝经，

懂得路子，

怎么一定是归身宝，

怎么一定是出门宝，

怎么一定是要倒拐。

要打处，

怎么一定是连笨三，

连笨四。

据那大赌家说起来，

真真有个道理。

能够照那宝经上来压宝，

就输了也值得。

这个路道，

惟有那著名的赌棍，

抽头吃利，

很熟很熟。

连结多少党羽，

买通多少衙门。

每逢有那会场戏场，

他们就要引诱些金娃娃，

活荡些生毛子，

安顿些造孽人。

在那赌钱的人，

以为这是个发财窝窝，

万万不肯丢他的。

殊不知赌场中，

那（哪）有个天天赌，

天天都赢的道理？

不输就赢，

不赢就输，

赢过了，

就会要输。

越输了，

越望赢。

一旦输干了，

没法了，

就便要糊（胡）思乱想，

打些烂条，

或纳些契约去抵押。

再又输了，

就不免或卖田地，

或卖房屋，

或卖家具，

均是做得到的。

你们想一想道理，

世间这些事你们说是有吗莫有？

须知到世间的人，

银子钱，

那（哪）个又不想？

你也想，

我也想，

不从那正业上想来，

终久是不长远的。

赢也赢得快，

却输也输得快。

由此看来，

到底去赌得赌不得？

人家说赌不得，

我偏说赌也赌得，

但看他是怎样赌法。

读诗书的人，

要在那学堂里，

赌些好学问，

赌些好本事。

将来到那官场中，

赌做一个好官，

那赌场，

是名成利就的，

可以赌得。

做生意的人，

要在那商埠上，

赌些好货物，

赌些好买本，

将来到赛会上，

赌做个大商业家，

那赌场是地大物博的，

可以赌得。

做庄稼的人，

要在那田土里，

赌些好粪料，

赌些好籽种，

将来到那试验场中赌做个大农业家，

那赌场是价值物对的，

可以赌得。

除了这几门赌，

我就要奉劝，

切切的去赌不得。

一家人有一个人赌，

便惹出一家人，

都吃那赌饭。

吃惯这赌饭，

正经事大家不肯做了，

是赌之为害。

不但害了自己，

并且害了子孙。

如何是好？

我奉劝世间人，

不但这压宝场中，

万万不可去。

……

正是在这种思维的指导下，警察大肆搜捕赌徒，收集赌窝和赌棍的有关信息，一旦发现，立即抓捕，或罚款，或体罚。

以前卖糖果、糕点、花生的小贩可以采用打赌或抽签的方式诱使小孩买他们的东西，这种被社会认可的流行方式现在也被禁止。在这样严厉的措施之下，赌博现象虽然没有完全消除，但得到了一些控制。

抓捕赌徒

1910 年春，警察机关试图斩断赌博的根源，规定三天之内停止一切麻将器具的生产和销售，销毁所有储存的麻将用品，任何人如果再制造麻将产品，都要受到严厉惩罚。

从禁止赌博到禁止麻将，反映出改良者对赌博的深恶痛绝，同时，也是对成都最流行休闲活动的否定。警察机关的这一系列行动并没有杜绝赌博，反而引起了居民的强烈不满。

以打麻将为主要形式的赌博在经历了警察反复对住宅、茶馆和街角打麻将的清查惩戒之后，却收效有限，这类活动仍然随处可见。

赌徒也有许多对付地方当局的经验。望江楼和文殊院成为赌博聚点，因为这些安静的、环境优美的地方不在警察的监督之下。

而城墙上、城门外、河边、桥下也成为赌博的主要地点，那些地方也经常因赌博发生争端。例如，一次在东门城墙上，一个年轻人在赌博时与他人发生争执被打死。北门外的道路一度是名副其实的赌窝，赌摊沿道路两侧铺开。

沿西御河的街道也是赌博的去处。一次警察突然降临，一群赌徒疾速逃离，一位穿昂贵皮衣的男子翻过墙壁，忘了另一边是御河，直接掉进了肮脏的河水里。

有些人在城内街道上摆摊设点赌博，某年仅在春节的第一天，警察就在包家巷抓到五六十个赌徒，第二天又在罗公祠抓到四五十个。

虽然茶馆的经营者不敢公开助长不合法的活动，但是他们也从未积极加以制止。一名报纸的记者谈到，他在一些茶馆随处可见人们赌得热火朝天，桌子上、椅子上，甚至地上，到处都在进行。

无论警察怎样搜查，赌徒们都能与之周旋，躲过难关。例如，打麻将的人将桌面上铺上绒布，以避免警察听到声音，闯进民居搜查。难怪改良者傅崇矩感叹道"赌窟中人，皆有绝大本领，绝大神通"。

没有一种改革能够迅速取代已经存在多年的生活方式。因此，尽管警察从晚清便不遗余力地禁赌，但民国初期，赌博在公开场合和私下里仍然十分盛行。

晚清以来，地方当局尽了最大努力控制赌博，但是成果并不明显。原因很简单：赌博有着根深蒂固的文化基础，它既是个人和家庭的休闲活动，也成为一项陌生人之间的公众娱乐。而且，很难将赌博与玩扑克、打麻将等流行的娱乐活动清楚地区别开来。虽然地方当局投入了很多精力控制赌博，但似乎他们并未赢得这场与赌徒的较量。

这个禁赌的努力是由曾经留学日本的晚清改良者、后来任四川巡警道的周善培发动的。他此举遭到不少成都人的愤恨，更何况许多强制性的措施，造成人们日常娱乐的限制。这也是警察总办周善培在清王朝倒台前后，备受各方批评和痛恨的原因。由于他是秃头，人们骂他为"周秃子"。

经历了 20 世纪早期成都生活的郭沫若这样解释道："在漫无组织的社会中，突然生出了这样的监视机关，而在创立的当时又采取了极端的严刑峻法主义，这在一般的穷人不消说是视为眼中钉，而就是大中小的有产者都因为未曾习惯，也感觉不便。"

警察这一举措不但表达了改良者禁赌的决心，更是他们对中国最为流行的娱乐活动的彻底否定，但亦没有任何改良能够将业已流行数百年的大众娱乐立即叫停。

麻将在民国时期依旧在各种公共及私人空间大为盛行，原因便是其易于操作、上手轻松，不论作为家庭休闲活动或大众娱乐形式，都颇为合适，更不用说其所基于的极其深厚和稳固的文化土壤了。

新生活运动与卫生麻将

新文化运动的领袖之一胡适便将打麻将视为"国戏"，并通过写作《麻将：漫游的感想之六》一文加入了"反麻运动"。他在文中强调，过去中国的三个恶魔：鸦片、八股和裹小脚都已不存在了。然而打麻将则是第四个恶魔，它发展得异常兴盛，却没有人批评它对于国家民族的损害。

胡适进而计算了浪费在打麻将上的时间："麻将平均每四圈费时约两点钟，少说一点，全国每日只有一百万桌麻将，每桌只打八圈，就得费四百万点钟，就是损失十六点七万日的光阴。金钱的输赢，精力的消磨，都还在外。"

胡适对人们打麻将真是非常愤愤然，认为一个沉迷于打麻将的民族，是没有长进的民族。甚至从国人打麻将的迷恋，感觉到了民族的危机：

> 我们走遍世界，可曾看见那一个长进的民族，文明的国家，肯这样荒时废业的吗？一个留学日本的朋友对我说："日本人的勤苦真不可及！到了晚上，登高一望，家家板屋里都是灯光；灯光之下，不是少年人跳着读书，便是老年人跪着翻书，或是老妇人跪着做活计。到了天明，满街上，满电车上都是上学去的儿童。单只这一点勤苦就可以征服我们了。

1930 年代国民政府发起"新生活运动"，当局意识到了麻将在普罗大众中的受欢迎程度，因此并未对麻将加以取缔，而转而推行"卫生麻将"，指每次游戏不打超过四圈牌。这里的"卫生"应该理解为"健康"，即不牵涉赌博，而且不是长时间地玩。

其实，也有不少人为麻将辩护，认为是有益于大脑的活动，也是社交的利器，更为那些玩不起高档娱乐的民众提供了许多欢乐。不过，为麻将辩护的声音，很快便湮没在了此起彼伏的批评浪潮中。到 1949 年后，甚至麻将被划归为"旧社会"的残余，在"破四旧"运动中，被彻底摧毁。

然而人们怎么也不会想到，在跨过 21 世纪的这么多年之后，麻将不但没有衰落，反而发展到了新的高度。胡适先生当年担心的麻将可能是"亡国的大害"，非但没有出现，而且在全国一片麻将声中，中国国力似乎是越来越强大，社会文化似乎越来越发展。作为中国传统娱乐的麻将，在现代化、全球化、科技高度发展的时代，还能繁荣多久？这是谁也无法回答的问题。

改变边缘人群的生存状况

为穷人设立机构

怎样解决贫困始终是城市改革的主要问题之一。长期以来，地方精英总是将慈善活动作为自己的重要职责。地方慈善机构也有着很长的历史，为现代福利事业的发展奠定了相当的基础。

从 1903 年到 1906 年，随着城市改良的进行，成都地方政府为穷人设立了很多机构，虽然这些机构的作用有限，但也的确帮助不少人过上了"自食其力的生活"。

晚清成都设立的"苦力病院"有 300 个床位，主要为生病的苦力提供医疗。除此之外，还成立了"老弱废疾院"，可接收100 多位病人。

警察通知各轿行、力行、鸡毛店等，如发现任何无家可归的人或生病的苦力都应该将其送进医院，如果是鸦片吸食者，则帮助他们戒毒。

晚清成都城市改革的另一个主要目标是清理街上的无业游民

和乞丐。据传教士裴焕章（J. Vale）的描述，一项新的规定授权警察可以逮捕任何一个在街头流浪的人，该传教士将这称为"革命式"的行动。

那些无家可归者被送进了工场，被遗弃的小孩也送进了孤儿院。有些人看上去像乞丐，但实际上他们能够打工自食其力，则允许他们自谋生路。

警察局把旧日的寺庙和粥厂改建成教养工场，安置乞丐，让他们在那里自食其力。1905年成立的一个工场，专门收容穷人和乞丐，不仅教他们劳动技能，而且对他们实施教育。建于同年的"迁善所"承诺给犯过较轻罪行的人再就业的机会。

1906年，警察局又在东门和南门建立了两个乞丐工场，半年时间先后收入1500多名乞丐到工场做工。

几乎在同一时期建立的"幼孩教养工场"，可以容纳一千名无家可归的孩子。6岁以下的儿童由保姆照顾，6—14岁的孩子则教以识字习算及浅易能谋生之手艺，满14岁后便令出场自谋生路。一年的时间内，教养工场便收容了500余名流浪、行乞的儿童。

进入教养工场的内部

我们对工场的内部详情知之甚少，但传教士裴焕章在《华西教会新闻》（*West China Missionary News*）的报道中，提供了一些关于这些工场的工作条件、内部管理、收容者的生活状况的详情。

这些乞丐一进工场就会得到一个编号，头发剃成"两边留有两指宽"的发型作为标志，以防他们逃跑和便于日后识别（另一种说法是，他们的头发被剃成"鞋底形"）。不过从传教士 H. 依利罗特（Harrison S. Elliott）在 1906 至 1907 年在成都乞丐工场所拍的照片看（见图 33），上述的发型不是很准确。

他们所穿的衣服由军服改制，夏季衣服袖口及肘，裤腿只到膝盖。这种特别的样式既是为了便于他们做工，也可以防止这些服装被偷卖。被收容的乞丐要求从事室内和室外的劳动，在室内劳动一般是做草鞋和织布。

室外劳动则分"公""私"两种。公共工程包括木工活和石工活，他们要训练怎样修房屋、围墙、挖水沟和铺道路等，特别是他们要被派往修建那些官方的工程项目。

为私人服务包括为家庭、店铺提供的各种体力劳动。遇有婚丧嫁娶等大事，一些家庭需要帮手时，他们会到工场来雇帮手。雇用乞丐帮忙已成为成都的一种传统。在过去的成都，每个家庭都可以直接在街上雇乞丐来为这些活动打粗工。但在新的规则下，当市民有不时之需，只能同工场联系。

室内劳动者一天两顿稀饭加咸菜，在外面工作的人可以得到一份额外的干饭。监工每天早晚点名，以防止逃跑。每人十天剃一次胡子，洗一次澡。

图33 进入教养工场的小乞丐。传教士H.依利罗特(Harrison S. Elliott)于1906—1907年在成都拍摄。

实际上，收容乞丐为警察提供了稳定而廉价的劳动力。私人雇佣乞丐只需付给相当于一般雇工的 70% 的工钱。当他们为公共事业出工时则付得更少，只有正常工资的 40%。

成年人一天工作 14 个小时。每十人安排一个工头来监视。工场有工作表，记录每天在外面工作的人所挣的工钱，在场内工作的人所生产的产品数量。

一个乞丐进入工场 3 个月后，计算他挣钱的总数和他所生产的产品的价值，扣除吃穿所用，剩余的钱就交还给他们，让他们出去自谋生路，他们可以用这笔钱作为做小生意的资本。

从工场出去又没有寻求或没有找到工作的人，有可能再被抓回去。警察局留有他们的照片，以便日后确认身份。

消除街头乞丐

消除街头穷人已经成为警察的城市改革的一项重要目标，因为他们确信这样至少可以带来三个好处。第一，可以稳定社会治安。精英们始终认为，穷人是造成偷盗和抢劫等社会不安因素的重要原因，若能解决好穷人的问题，就能够为推进社会治安创造条件。

第二，可以改善城市形象。那些衣衫褴褛的乞丐在城市中流浪，精英们认为不符合省城的"示范"地位。要塑造一个"文明"的城市形象，就必须让乞丐从公共场所消失。

第三，有利于改善穷人本身的处境。城市管理者声称，让这些穷人在工场里劳动最大的受益者就是他们自己，因为这样可以给他们提供住宿，还能让他们学到一些劳动技能，以便将来自己谋生。

当然，良好的愿望并不一定就会有良好的结果，受益者并不一定就会接受这种好意，更不用说所谓的"受益"经常只是一厢情愿。我们发现，大多数乞丐并非欢迎这种变化，迫使他们短期内改变已习惯于传统的生活方式，自然会引起他们的抵制。

不过有一点是明确的，过去乞丐虽然什么也没有，但他们还有利用城市空间的自由；但在城市改良推行之后，他们失去了这种自由。传教士在提到那些被收容的乞丐时，用的词都是inmates，即监狱里的囚犯，因为这些人都是被强制收容的。

对于城市管理者来说，他们实现了自己的部分目标，成都的确在20世纪初建立了新的公共秩序。正如传教士裴焕章所赞赏的："目前的警察组织和运作比旧的十户联保制已经有了很大的进步，并使相关的人都感到了满意。"

他相信成都人"肯定会认可这个制度，他们很快就会感觉这个制度的优越，并意识到警察处理哪怕是小事也很有效率。而在旧制度下，一般至少需要一周或十天时间，但现在每个案件在立案当天就开始处理了"。他也注意到街道变得更安静和整洁，"由于警察夜巡，偷窃事件也因之减少"。

很难说裴焕章的看法是否能真实地反映民众的想法。不可否认城市管理者取得了一些成就，裴焕章作为西方传教士，自然欣赏大多数这类西式改革，总是看到它们的积极方面。然而在西方传教士赞赏城市里面警察的管理带来好处的同时，他们也显示出了文化偏见。他们认为："在这个不珍惜生命、虐待盛行的国度，必须推行一定的法规。"因此，他们欢迎这个"中国生活中的新因素"。

其他来成都的外国人也有类似的印象，在日本人山川早水看来，与他已经旅行过的其他城市相比较，改革无疑改善了成都的市容，成都的街道，至少主要街道整齐干净。来过成都的外国人都有类似的观感，"城市干净整齐，警察有效率"。

虽然如此，任何变化都会带来诸多反应。当城市管理者努力限定什么是下层阶级可接受的行为时，他们的意图并非轻易为人们所认可。而且他们的措施侵扰了那些缺乏地位和资源的人的生存。

当政者的成就，经常并没有给下层民众带来更好的生活或欢乐，尤其对依靠街头为生的人而言就面临更多的困难。所以他们想方设法保护自己对街头的使用权，也就不足为奇了。

失去城市空间的使用自由

规范公共聚集

在传统的中国城市，人们的日常生活是自由自在的，像沿街卖菜，推车卖小吃，摆地摊，扯个圈子卖艺，几乎是没有人管的，所以给许多穷人提供了生计，也给市民生活提供了方便，并带来丰富多彩的都市文化。但是，缺乏管理的城市也存在许多问题，例如卫生状况很差等（前面我已经有专节谈了这个问题）。城市生活的规范化，必然要以人们失去一些自由为代价。

但是，20世纪初中国向西方学习，城市中出现了警察。警察是作为城市改良的力量出现的。从公共聚会、大众宗教活动到人们的日常生活，代表国家权力的警察的控制进入了社会的方方面面。

在成都，警察开始规范所有的公众聚集。成都人特别爱看热闹，"成都人心浮动，往往于极无关系之事，群集而观遇"。到成都的外国人也发现，只要街上发生了一点不寻常的事，就会吸引

"大批好奇的人群"。这样的情况经常会造成许多纠纷。

新的规章制度出台以后，要求当公共场所围观者众多时，在场警察应"极力遣退观者"。任何要在公共场所摆摊设点的人，都必须事先获得批准。警察要负责维持重要活动的社会秩序。

警察竭力规范的不仅是人们的公众行为，还包括作为日常生活重要组成部分的宗教信仰及相关活动。在过去，地方政府总是试图限制大众宗教，一旦人们对某种信仰显示出特别热衷的迹象，他们就马上介入，进行管控。

从晚清开始，在某种程度上官方正统思想与精英的需要不谋而合，这样，社会改良者就与国家政权联合起来，努力改变普通民众的宗教信仰。官方正统思想认为，民众的宗教信仰是"迷信""落后"的，因此必须被改造和限制，以此防止人们受所谓异端思想的"危害"。

警察进一步对所有宗教和其相关仪式进行限制。例如，在阴历四月二十八——药王的寿辰那天，警察禁止人们进入药王庙为药王庆贺，也不允许人们在药王庙附近街道烧香磕头。

辛亥革命后，警察控制的范围不断地扩大，社会约束力也不断地增强，甚至严密盘查过往行人。地方当局还一度限制花会一类传统活动的举行，因为那里各色人等混杂，良莠不分。要不就规定花会只允许卖农具、农作物和花草，禁止其他商品买卖，也不允许在花会摆摊设点卖茶、酒、食品等。1914年夏天的旱灾期间，地方政府在大街小巷贴满告示，禁止任何祈雨仪式。1917年，虽

图 34 庙里的和尚。甘博拍摄于 1917 年的成都。

然警察没有禁止祈雨仪式，但是禁止在典礼中扮演鬼神。

监管客栈

警察还仔细监视下层人经常出入的地方，如"鸡毛店"这样的场所便受到严密巡查。成都作为长江上游的商业、文化中心，每天都要吸引很多的外来客，这促成了客栈业的繁荣。

成都的住宿条件分为三个等级："鸡毛店""客栈"和"官店"。鸡毛店大多在东门附近，主要是乞丐、流浪汉等穷人经常出入的地方，这里被视为罪犯云集之处。客栈通常是商人们光顾的场所，而官店则是为官员而备，但商人也可以在那里投宿。

晚清成都有三百多家旅馆，可见每天到成都的人的确不少。按照警察所颁规定，凡在鸡毛店住宿的人都必须对其籍贯、年龄、职业及来蓉原因进行登记。店主要将可疑之人报告给分区警察所。

警察要求旅馆不能给妓女、赌徒和"傍晚而来无行李者"提供住宿服务。警察早晚都要巡视这些旅店。夜巡之后，旅店必须关门，不允许任何人进出，直到第二天早上警察清点了住宿人数之后才能开门。

不过，很难说这项规定是否得到有效实施，在成都到处散布着这样的下等旅店，警察不可能连开关门都得到场，很难严密监视每个鸡毛店以及每个投宿人。但这类规章的颁布，至少反映了警察对这些场所治安状况的担忧，并试图加以整顿。

严控精神病人和狗

警察还得在公共场所控制精神病人，他们的出现不但会引起众人围观，有暴力倾向的狂人还可能袭击他人，扰乱治安，特别是在花会这样拥挤的场合。据一位记者报道，1909年花会举行的头两周，他就见过六七次警察将精神有问题的人带出会场。

一位官员由于染上鸦片瘾被解聘，发了疯。有一天，他手持棍子冲上街，宣称不准用洋灯，跑到一家茶馆，砸坏了两盏洋灯。然后又到华阳县署，睡在门前，拒绝离开。三个警察赶来才把他带走。

另一个报道是在花会上，警察发现一个人的言谈举止很奇怪，"指天画地，扰害公安，游人为之惊诧"。就迅速将其送到警察局，"问其姓名，答言姓朱，名洪武。闻其言，始知其有神经病也，乃拘留不放"。

那时候成都居民养狗也很普遍，警察认为狗对公共秩序是一种威胁，对其进行监管。特别是不少人抱怨有人带宠物去拥挤的劝业场，认为这简直就是对享有盛誉的成都商业界的蔑视。他们抱怨狗不仅堵塞交通，还在门前打架。他们建议对惹事的狗的主人处以罚款。狗在公共场所肇事的例子不少，如一位顾客正在饭馆吃午餐，店主养的黑狗将其腿咬出血。

《通俗画报》刊载了一幅题为《出钱看狗背》的漫画（见图

35），谴责那些带狗进戏院的人。题图写着："好狗不当（挡）路，好人不扒台。此之谓狗屏风，此之谓狗占（站）班，此之谓狗头国，此之谓狗宝。"此画表现了作者对有些人把狗带进戏院的不满。"站班"，过去是指那些在戏院买站票或在茶馆门口不买票看戏、听评书的人。

警察公所要求所有的狗都必须登记，在脖子上戴上由警察发给的木牌以做标记。如果登记的狗丢掉了，警察可以帮助找回，否则它的主人就不能认领。如果狗咬伤了过路的行人，它的主人必须交付一元的罚款。

削弱大众信仰

清末民初，警察还禁止卜卦、算命，比如"观仙""走阴""画蛋"等等活动，但是一般民众仍然相信占卦算命。人们拒绝放弃"迷信"，使改良者非常失望，因此寻求更严格的规章。

而从事算命行业的人也力图确立其存在的合法性，如1920年代后期，占星者和算命先生打算组织一个"学会"来保护他们的生计，但地方当局拒绝了他们的请求，声称算命和占卜没有学术价值，并且指出他们是在愚弄民众，玷污风俗和文化，损害社会。因此在改良时代，必须"废除迷信"。

1927年，城市当局禁止所有巫医、算命先生、僧侣和道人从事该类活动。第二年，各种供奉神灵的仪式也为中央政府的法

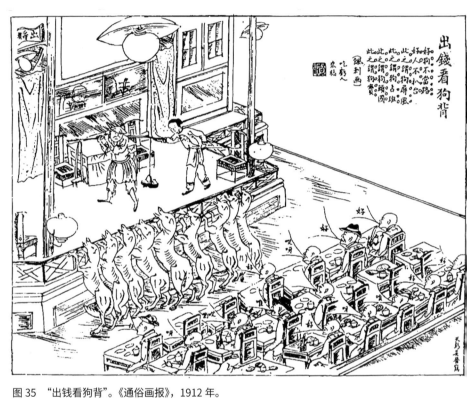

图 35 "出钱看狗背"。《通俗画报》，1912 年。

令所禁止。

大众宗教在人们的日常生活中可以说是根深蒂固，当局的法规和禁令也难以完全改变人们的信仰。很多证据表明，警察控制民间宗教的效果并不明显。例如虽然警察禁止药王的寿辰典礼，当地居民——尤其是妇女——仍然去药王庙烧香，当局不让进庙，许多信徒便在街上建立祭坛。

这个时候，政府采取了许多激进的措施，甚至禁止人们庆祝端午节，不许举办龙舟赛，禁止租船办竞渡活动，但人们仍然会聚集在望江楼——传统的端午节聚会地——进行有关活动。

阴历四月初八的"放生会"，人们通过装饰花船和"放归"生物来庆祝，按照佛教的风俗把鸟、鱼、龟、蛇等动物放生，意在积德。每年放生会期间，成千上万的人聚集在河两岸观看放生。

然而这项活动被精英们指责为"陋习"，而且他们还担心"男女混杂，良莠不齐，往往滋生事端，传为笑柄"，因此认为这些老传统必须抛弃，"值此改良时代，陋习岂可相沿，愿我同胞，各宜自爱"。

虽然放生风俗屡遭禁止，但是民众仍然将其保留了下来。最后，警察屈从了民众的诉求，于1918年同意了将下莲池作为"放生池"，成都市民终于有了合法进行这项活动的地方。

社会变革可以改变人的精神生活，20世纪早期发生在中国的一切，可以为这一论点提供新的证据。在成都，警察的介入加速了这一过程。尽管如此，这仍然不是轻而易举的事。民众的生活方式、宗教信仰和民俗文化显示了强大的持续性。怎样对待传统的宗教及其各种仪式和活动，是精英们争论的问题之一。虽然当时存在一种强烈的批判所有宗教的倾向，但仍然有一些精英改良者还是努力把宗教和迷信区分开来。而且，政府政策也很不一致，时而严厉，时而宽松。

从晚清以来，由于各项改革措施并举，地方财政困难，加之当时的反传统的西化潮流影响，寺庙财产已成为地方改良计划筹集资金的一个重要财源，由此造成了地方宗教机构巨大的财产损失。而在当时，大多数改良精英及其支持者都认为这是一个正常的途径，是社会"进步"和"文明"的表现。1919年，四川省当局批准中华佛教总会四川分部的请求，发布通告承诺保护寺庙和尼姑庵的财产。这个通告通过各级地方政府向下发布，产生了较大影响。通告谴责了"各属绅首每籍公益为名"，砍伐寺庙树木，"勒派捐金"的行为。因此，张榜公告保护这些财产，似乎反映出激进主义者反宗教政策的倒退。但这种保护政策的实施仍然缺乏持续性。因此，总的来讲，大众宗教虽然在民国年间顽强地生存，但也遭到极大的削弱。

警察无处不在

"管制坏人，杜绝坏事"

传统中国城市没有专门的管理机构，主要依靠传统社会组织和保甲维持治安。20 世纪初警察出现以后，便将维护公共秩序视为其主要职责，即"管制坏人，杜绝坏事"。任何"行为暴戾"、扰乱公共治安的人都将受到警告，甚至拘捕。

根据晚清传教士的观察："穿戴整齐的警察不时地在城内巡岗，每个警察都配有一根警棍，个个看起来都训练有素。毫无疑问，法律和治安事业取得了新的进步。"

警察的出现对恶势力来说确实是一大威胁。在成都，有不少关于"歹人"的词语，如"痞棍""地痞""棍徒""踔神""恶少""轻薄少年""无赖""混蛋""无业流痞""撞客"等等。来自富有家庭者则被叫作"纨绔子弟"。"踔神"一词为成都方言，使用频率很高，在清末民初的地方报纸中,这个词几乎和"流氓"同时使用。

他们三五成群地闲荡，在公共场合聚众赌博，惹是生非，扰乱秩序，影响市民正常生活，成为警察首要控制的对象。但由于他们活动分散，警察不得不投入很大的精力来对付他们。

这些人喜欢穿"奇装异服"，那些"绿面红里者"，警察称为"匪服"；"缘饰不伦者"，警察称为"邪服"。在街上发现有人穿此类服装者，都会强令脱下。

妇女是流氓们的主要骚扰目标，特别是那些出身普通人家、坐在门口做针线活或干其他家务活的妇女深受其害。据当地报纸《国民公报》1914年的一篇报道，住在少城三道街的一个劳工的妻子，被几个"无人格之浑蛋"纠缠。在她丈夫出去工作时，他们便上门来窥视，并伺机调戏她，如果她反抗就暴力相向。其中一个流氓叫吴焕章。当他的名字见报后，当地一位同名同姓的著名律师非常生气，要求报纸澄清他的名誉。

一些轻浮的年轻人也经常聚集在各种公共场合，如花会、庙会、戏园等出入口，对女人评头论足，并趁她们进出时动手动脚。根据一项新的法令，警察将对那些貌似无赖、举止粗俗轻浮、引诱"良家少年"的人，对那些在剧院、茶馆或酒店纠集成群的人，进行跟踪调查。

1917年，警察禁止在花会和附近路上赌博、随地小便、对妇女评头论足、算命、耍流氓、打骂和卖淫。任何违反规定的人都将受到处罚。

从当地的《国民公报》，经常可以读到关于警察怎样对付流氓的报道。有这样一则案例，有两个年轻女子游览劝业场，有些"轻浮子弟”对她们言语轻佻，还诽谤她们是妓女，警察把他们抓进了警局。另一个案例讲的是，一个男子调戏一个店主的妻子，这个男子也被拘留并受到了惩罚。

为了避免性骚扰，警察在花会分别为男人和女人设立了不同的出入口，但是他们仍能逮到一些“扮作女人”想走女性通道的男子。

有些流氓结成了团伙，警察对他们的打击也是不遗余力。这些人集体行动，欺凌弱小，对普通人家、店铺、小本经营者进行敲诈勒索。有一伙由“无耻流痞”组成的集团，“三五成群，凶狠万状”，闯进妓院“任意需索”，警方发誓严禁。

当地一家报纸报道：有“无业流痞”自称“姚大爷”，每天带着“同类数人”，到天涯石街的妓院“哄取酒食”。公众谴责姚和他的同伙是“可谓无耻极矣！”呼吁警察“欲正风俗”，就立即把他们抓起来。还批评那些妓女屈从他们的淫威，“乐其甘为奴隶”。不过当时公众意识不到的是，这些青楼女人无依无靠，靠卖身和卖笑为生，怎敢得罪这些地痞？

惩治“弹神”

民国初年，一些纨绔子弟组成了一个名叫“弹神会”的帮伙，经常在剧院和饭馆里聚集，他们“种种丑行”逐渐引起了公众的注意。由于他们经常在街头制造麻烦，警方贴出了告示禁止他们的活动，令其父母对子严加管教。根据新的规章，这些有钱人家的放荡子弟不允许在街上闲逛。如果他们违反了法令，其父母也将承担责任。

《国民公报》还报道了这样一个有趣的故事：一个流氓抓住一个乘轿人的脚，以为乘客是女人，企图调戏，但谁知轿内人竟是华阳县知县，这岂不是老虎头上抓虱子？这个流氓当然受到了严厉的处罚。

警察对那些行为不检点的"无赖"进行严厉惩处，经常是采用公开羞辱的方式。比如，有流氓朝那些坐着轿子路过的女人扔水果和石头骚扰，他们被抓住后被戴枷惩罚一天，被公众谴责，结果是"千人共观，大伤颜面"。

后来，警方还在二仙庵的大门外面竖起一个石柱，在上面刻着"锁示簰神处"几个大字，那些在花会骚扰妇女的"簰神"便被链子锁在柱上受罚。流氓们还经常被游街示众，每当警察惩罚这些流氓时，总是围观者甚众，警察也因此最大限度地起到了公共警示的作用。

不过，一些所谓的"调戏妇女"的事件，实际上是由于保守的社会风气而被夸大。例如，一个年轻女佣傍晚去店铺购物，有一个轿夫"跟随使女"，无非是与她"笑谈"，结果她叫来警察，把这个轿夫带到警局惩处。在另一个案例中，一个衣着整齐、带着相机的男子看见几个漂亮的女孩在荷花池边喝茶，他假装拍景物，镜头却对准那几个女孩。于是他被警察当流氓抓了起来，处以鞭刑。

据1919年《国民公报》的报道，一个被当作"流氓"的年轻人被警察用警棍打了"两千"下，又被捆到了二仙庵门前"锁示鞹神处"的柱子上，有近千人围观。他受到如此严厉的惩罚，不过是因为一个小脚女人在跨沟坎时，他说："你的脚包得太小了，等我牵你。"即使这个男人的所谓帮助是居心不良，这样的行为在今天看来仅仅是言语和举止轻佻，但是在民国初年，这却是一种严重的犯罪。

这样的处罚似乎太过严厉，用警棍打两千可能会致死。但是报纸误报似乎又不大可能，因为在第二天的《国民公报》里，另一则报道便题为"摸一下打你两千"，称一个"流氓"仅仅因为对一妇女"出手摸之"，就挨了"大板二千"，并且还"罚锁流氓桩一月，以警丑类"。

一次，有老少穷富十余人被罚跪在花会门口，因为他们试图从女性入口进入会场。记者注意到，在他们当中，甚至有一个"戴金丝眼镜者，周身丝绸，手提皮包"的男子，看来是一个有身份的人。

提供各种社会服务

警察还禁止妓女、年轻妇女和儿童参加公共活动，以免造成混乱。在举行盛大的宗教仪式时，警察站在拥挤人群的两旁，以维持秩序，防止局面混乱，保护妇女儿童，同时杜绝有人趁机"扯厂集众""口角打架""割包剪绺"之类事件发生。

警察还禁止小孩在晚上去茶铺、酒楼这样的地方，并发布公告，要求父母必须严格管教自己的小孩，远离那些"街市恶习"。如果小孩在街上聚集捣乱的话，他们的父母也会因此受到惩罚。

对在公共场所打架和大吵大闹的人，警察也加以控制。1909年的《通俗日报》报道，一个喝醉酒的人闯进第一茶楼，大喊大叫，警察来了才被制服。评论说，要不是因为他"穿得光华，几乎要送警署解酒了"。看来警察也会以穿着来决定处罚，这里的潜台词是，如果是一个下层的劳工，恐怕警察就不会这么轻易放过他了。

《通俗画报》上还刊登过一幅漫画（见图36），描述了一名醉汉在劝业场的宜春茶楼里大呼小叫地要茶和点心，在和警察吵架的过程中从楼梯上摔了下来，引起观者哄堂大笑。

在早期中国城市改良中，警察是以社会现代化和改革者的形象出现的，所以警察的功能是多种多样的，不仅要维持公共场所的治安，还要提供各种社会服务，特别是消防。火灾一直是这个人口稠密城市的一大危害，那个年代的报纸经常有关于火灾造成重大损失的消息。

据1903年英文《华西教会新闻》的报道，"市中心的一条商业街发生了一场重大的火灾。街道两旁一百多码的房屋建筑都被烧毁"，这场火灾是由于"点着煤油灯睡觉"引起的。仅一周之后，"在离上次灾难发生地不远的地方又发生了另一场火灾"。

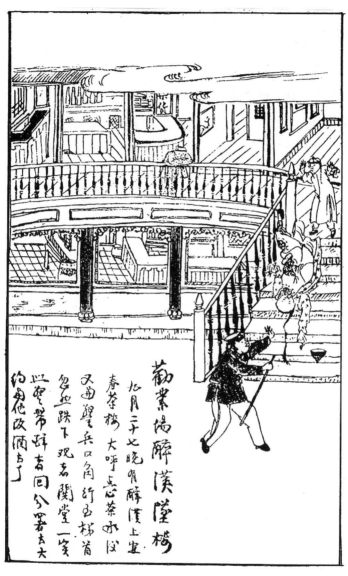

劝业场醉汉坠楼

十月二十七晚有醉汉在
春荣楼大呼忌荼水役
又向警兵口角行至楼首
包血跌下观者闹堂一笑
以警帮醉者回分署去大
约免他改酒去了

图 36 "劝业场醉汉坠楼"。《通俗画报》，1909 年。

成都直到 20 世纪初才建立了一套新的消防体系。在此之前的漫长时期，成都主要依靠街头的"太平石缸"，当火灾发生时从中取水。为了防止商业区拥挤的店铺发生火灾，警察局制定了防火章程，其中包括煤油储存和电灯使用的规定。警察还在城内外东南西北各处修建了四个钟楼，若遇火灾发生，立即撞钟，各路可闻声相救。

警察还成立了第一支专业的消防队，有成员一千多人。他们负责给街上一千一百多个太平石缸注水并定期换水，又将城内各水井调查清楚，有水井之处用木牌写一"井"字，使人人知井之所在，便于火灾时取水。

成都的外国人注意到了防火体制的缺陷和设备落后的问题。1905 年发生在东门的一场大火，使对新防火设备的需求提上了议事日程，成都引进了较为有效的工具。正如一位西方人注意到的，"庞大的消防工具"——"水龙"在灭火时喷水十分有力，比过去的灭火手段改进了许多。

消防队经常公开举行消防演习，既进行了训练，又向公众传播了消防知识。消防演习逐渐成为受欢迎的公开表演。如 1909 年消防队点燃了几间用于演习的茅屋，消防队员用水龙灭火时，围观群众众多。最大的一次消防演习是清末在北较场举行的，有 1400 名警察和消防队员参加，观者万余人。

警察也管许多小事。1914 年的《国民公报》的新闻称：一个抱小孩的妇女丢了钱，被一个"下力人"拾到，警察看见后监督他还给了那位妇女。据另一则报道，一个骑马的年轻人撞翻一名上了年纪的穷妇。当行人拦下那个年轻人之后，老妇人站起来说她没有受伤。警察确认后，还是令年轻人雇一顶轿子送她回家。那穷妇说，"我不坐轿，给我 200 文钱就是。"警察责备说，"拿200 文做甚，坐轿归去可也"，说服老妇人坐上了轿子回家。

在成都的外国人也赞誉警察是居民的"好帮手"，尤其是在遭遇自然灾害和突发事件时。例如，当洪水淹来，警察"再一次显示了他们训练有素的优点。他们立即赶赴现场援救，有秩序地将食物分发给受灾群众，安排处于危险地带的群众转移"。此外，他们也帮忙解决街头发生的争端，而在过去，这些事都是由邻里、同乡、宗教等社会组织来处理的。

成都一直到 1928 年才第一次出现了市政府，此前的四分之一世纪的时间内，警察充当城市管理的主要角色。从外国传教士的观察和地方报纸的新闻报道中，警察的影响基本上是积极和正面的；警察制度是向西方和日本学习的结果，为城市改良的需要而发展起来的。

第六章　日常生活不再平静

　　20世纪初的城市改良、现代化进程，以及国家政权建设，权力对城市的管理越来越严密，普通人运用城市空间进行政治的表达，也越来越频繁。政治诉求与大众宗教的仪式结合起来，便具有了非凡的力量。然而，民众在政治斗争中，并没有得到他们所想要的东西。因此在辛亥革命之后，他们对自己的处境越来越不满，革命并没有给他们带来安定与和平，连绵不断的动乱，革命梦想的破灭，政治斗争的加剧，反反复复的军阀混战，人民生活在恐惧之中。在那艰难的岁月中，民众不得不自发地组织起来，进行保卫自己家园的活动。

街头政治是怎样出现的？

四川保路运动

辛亥革命一般都说是精英革命，没有民众的参与，所以失败了。其实，推翻清王朝就是最大的成功，而且民众也是革命的积极参与者，四川保路运动就是一个最好的证明。

政治总是要在公共空间展示的，中国近代的历次革命运动充分表现了这一点。在激烈的社会动荡中，街头会成为动员民众的政治空间，民众成为街头政治的中坚力量。

辛亥革命之前，成都街头的政治化便已见端倪，诸如排外运动、"邪教"起事、商人罢市、旗人骚乱，以及革命党的武装暴动等频繁出现。例如，1905年由于抗议政府强迫加征每店户每月500—1000铜圆的商税，一个大规模的罢市爆发。各商店歇业，"散布各处的商贩禁止出售任何商品"，那些为生计冒险上街的小贩的摊子被捣毁。

1907年革命派计划在成都发动武装起义，召集四千余名哥老会成员于 11 月聚集成都，当他们埋伏在小天竺、安顺桥以及茶店子等候起事之时，密谋暴露而失败。

1911 年夏，当清政府宣布铁路国有化政策后，一个声势浩大的保路运动在湖南、湖北、广东以及四川爆发。当成都市民意识到铁路是"存亡关键"，而竭尽全力加入"破约保路"运动时，街头立即成为政治斗争的巨大舞台，公众集会成为发动民众最有效之工具。

四川铁路总公司举行集会，会场所在的岳府街成为"人的河流"，估计有约五千人参加。几位运动领袖演讲路权与国家命运之关系，当会议达到高潮之时，"与会群众多痛哭失声，巡警道派去维持秩序的警察亦相视流泪"。

保路同志会派代表向中央政府请愿，在南较场举行的大规模送别仪式上，赴京代表发誓不达目的决不回川，此时"台上台下群情激愤"。在另一集会上，当一个小学生代表发言，建议每个学生每天向运动捐钱二文，与会者多被深深打动。

一位老者上台搂着这孩子，声泪俱下地说："我辈所以必争路争爱国者，皆为此辈小兄弟计也。"在场万余民众亦失声痛哭，甚至维持秩序的警察也表示道："我亦四川人，我亦爱国者。"显然，以公众集会作为宣传工具来唤起民众取得了巨大的成效。

改良者与下层民众首次加入同一政治性组织——四川保路同志会，同志会以街道、职业、社会集团为基础建立了许多分会，如太平街分会、妇女分会、学生分会、丝帮分会，甚至乞丐分会。

各店铺则组织"一钱会",即成员每人每天捐钱一文给保路同志会。

该组织发起于东大街,又流传到南纱帽街,后来进一步扩展至童子街、梓橦街和马王庙街。各分会的成立如"雨后春笋",短期内便出现在每个街道。一些行会诸如木材和丝业等也组织了行业"一钱会",仅丝业在几天之内便有二百余人加入,一天时间内仅回族人即组织分会二十余个。

唤起民众

四川保路同志会在全城发动了大规模的宣传活动。据传教士的观察,当时公开演讲成为"明显的街头一景"。《四川保路同志会报告》广为发行,每期达一万五千份左右。每天《报告》在公共场所一贴出,便人头攒动,讨论热烈。

此时,改良精英也尽量利用街头来发动民众,其方法从张贴政治传单到以大众娱乐的方式作政治宣传,诸如金钱板、大鼓书这样的"下里巴人"演唱都得以运用。

这时,庙宇也被用作政治目的,一则关于公开演讲的告白告诉我们,同志会的演讲会在三义庙、火神庙、延庆寺和文昌宫举行,敦促士绅、商人和街道居民参加。因此,传统的宗教崇拜的场所转变成了政治动员的舞台。

下层民众响应运动的号召进行罢市。据描述,在罢市期间各街商店关闭,各业停工,整个城市像停了摆的钟:

成都本是一个摩肩接踵、繁荣热闹的大都市，至此立刻变成静悄悄冷清清的现象。百业停闭，交易全无。悦来戏园、可园的锣鼓声，各茶馆的清唱声，鼓楼街估衣铺的叫卖声，各饭店的喊堂声，一概没有了。连半边街、走马街织丝织绸的机声，打金街首饰店的钉锤声，向来是整天不停的，至是也听不见了。还有些棚户摊子，都把东西捡起来了。

这个城市从未这么安静过，就像突然失去了活力，以至于市民们对这失去的喧嚣甚感不惯。罢市立即影响了许多贫民的生计，然而他们又不得不跟随主流。为帮助他们克服难关，同志会在铁路公司之下组织了"施济局"，向三万多贫民发放米钱。

这一时期改良精英对下层民众的态度发生了很大变化。过去他们总是藐视民众的道德和思想，然而在民众积极参与保路运动之后，他们也不得不被下层民众积极投入运动、出席集会、捐钱出力的热情所感动。

一位轿夫在捐出他的血汗钱时说道："苦力也是公民。"他们对"公民"的含义恐怕并不十分明白，但无疑这种表白说明了他们对地方政治的关注和参与。民间艺人团体也派代表到同志会表达对运动的支持。

在保路分会的组织下，街民们举着旗子在护理四川总督赵尔丰出行经过之处，跪在烂泥里向其请愿。这些活动都使精英意识到，民众是一支可以用来达到其政治目的之强大力量。

在改良精英的支持和鼓动下，民众以修筑"先皇台"——祭祀光绪皇帝的大祭坛——来占据街头，以纪念死于1908年的光绪皇帝为手段来表达政治声音。类似的仪式也深入到各家各户，在几天时间之内，各商家、铺户和居民的堂屋都供起了光绪牌位，门上贴着"庶政公诸舆论，铁路准归商办"两句取自光绪圣谕的对联，因为光绪被视为铁路商办的支持者。各街民众在"先皇台"前昼夜焚香跪拜，整个城市一派沸沸扬扬。

一位西方目击者写道："这个城市的每家都立有一书有'光绪皇帝灵位'的黄牌，配以摘抄自准四川商人自办铁路的圣谕。各交通要道都立有跨街的大牌坊，置放有光绪画像，灵位前有花瓶、香案以及其他物品。"祭奠往往能激起人们的情感，在肃穆的祭坛前，香烟缭绕，仪式庄严，人们哭号跪拜，其情绪相互感染。我们可以想象当时的氛围，感受到人们无限悲愤的心境。

显然，修建牌坊、竖立灵位、烧香祭祀、跪拜街头等等，这并非仅仅是简单的宗教仪式，而是政治反抗。例如街头牌坊实际上也被民众用来发泄对官方的不满：由于街头建有光绪灵牌，致使官员不敢像往常那样骑马或坐轿上街，若有官员敢冒天下之大不韪，则必为民众所攻击。护督赵尔丰对此亦有觉察，指责：

省中各街衢皆搭盖席棚，供设德宗景皇帝万岁牌，舆马不得过。如去之必有所借口，更有头顶万岁牌为护符。种种窒碍，不得不密为陈告。

因此，街头的宗教仪式犹如西方城市中的节日游行，不仅是显示社会关系的大众戏剧，而且也可能是权力关系的战场。就像法国革命中的三色徽章和爱国坛一样，保路运动中祭坛和灵位也"被赋予了神圣的色彩"。

成都惨案

在动荡不安的社会冲突中，地方政治文化得以重新建构。在这一过程中，传统的宗教仪式被用于政治目的，精英和民众都史无前例地卷入到地方政治之中。

不过应该注意的是，法国革命与保路运动在形式上虽有相似之处，但它们的文化土壤、追求目标、运用手段、领袖素质等都迥然不同。法国革命是"有意识地与其过去分离并奠定新社会的基础"，但成都的精英们只把其目标限定在经济利益之内。

不过，如果我们充分理解成都只有十年"启蒙"的历史，我们仍有理由认为保路运动在地方政治中，迈出了史无前例的一步。即使地方精英并未试图反对中央政府，但却是他们第一次组织民众挑战国家政权。

这些公共仪式体现了精英的策略，他们意识到宗教仪式是他们斗争的绝好工具。然而，精英并不想走得太远，从保路运动一开始，精英便竭力避免与政府的直接对抗，并试图把运动限制在特定的范围之内。保路同志会发布告示称：

> 人人负有维持秩序之义务，今千万祷祝数事：
>
> （一）勿在街上聚群！
>
> （二）勿暴动！
>
> （三）不得打教堂！
>
> （四）不得侮辱官府！
>
> （五）油盐柴米一切饮食照常发卖！
>
> 能守秩序，便是国民；无理暴动，便是野蛮，父勉其子，兄勉其弟，紧记这几句话。

当改良精英力图发动民众之时，他们强调的外人及其财产应得到保护，不得让官府丢掉脸面。显然，他们试图使运动运行在"理性"的轨道上，在与国家权力斗争的同时，仍然保持社会生活的稳定。

可以说在保路初期，运动在领袖们的设计之下平稳发展，但成都惨案导致了情况的逆转，和平请愿演变为反清政府的"暴乱"。9月7日，赵尔丰逮捕了罗纶和其他八位运动组织者，全城为之震惊。民众立即聚集示威，很快参加者达千人以上，群情激愤，男女老幼一只手拿着焚香，另一只手端着黄色的光绪灵位，涌向总督衙门。

大家哭喊着："还我罗纶！还我罗纶！"吁请释放运动的领导人。街头曾经是民众的活动空间，但这时精英在街头也充当了一个关键角色。成都市民从未见过如此的场面：警察在前面开道，穿长衫的士绅领头，后面跟着无数的下层民众。城市精英和下层民众站在一起，在"公共舞台"上演出了一场生动的"社会戏剧"。

这场和平示威以血案结束。虽然百姓哀求，但清军并没有因此怜悯，赵尔丰令兵丁在总督衙门前大开杀戒，瞬间人群四散，店铺关门，母亲在街上声嘶力竭地寻找失散的孩子，总督衙门前顷刻间留下二十余具淌血的尸体，以及散乱的鞋子和打破的光绪灵位。

无名氏写了《竹枝词》二十九首，简直就是辛亥年四川政治的一个缩影，其中一首是写成都惨案的，其悲愤的心情表露无遗：

百姓哀求拜跪忙，
肆行焚杀见弹章。
匪徒凶器君知否？
先帝灵牌一炷香。

竹枝词有一个原注，说这日官方称有"匪持械扑督署"，所以才"肆行焚杀"。"百姓哀求拜跪忙"，讲的是成都百姓举着光绪皇帝牌位去督署请愿。"弹章"是指奉命入川镇压保路运动的端方弹劾赵尔丰，指责他处置四川事务的鲁莽。

无名氏的另一首竹枝词，更是控诉清官府的无道：

> 听说尸亲要领尸，
> 强书匪字泪双垂。
> 银圆四十将何用？
> 刑赏难分事太奇！

大部分参加者都是下层民众，在这次遇难的人中，26位的身份得到证实，其中16位是织匠、刻匠、学徒、裁缝和小贩。当遇难者家属领回尸体时，官府竟迫使他们承认死者是"土匪"，并付40个银圆。

惨案引发暴力革命

惨案导致了民众和政府的直接对抗，和平的保路运动立即演变成暴力的革命，正如一首竹枝词所描述的：

> 新军错计恃洋枪，
> 谁料愚民愤莫当。
> 夺得洋枪还死斗，
> 可知器不敌人强。

为防止暴动，赵宣布宵禁，关闭城门以切断与外界的联系。成都惨案使人们放弃了对清政府的幻想，他们以各种方式表达其愤怒，在赵尔丰的告示上涂鸦便是其方法之一。李劼人写道：

> 过了一夜，但凡通衢要道，有军警梭巡地方，告示还像昨天那样：白纸，黑字，胭脂关防。其他一些偏僻街道的告示，或者被人撕得七零八落，或者告示上遭上土红桴炭什么的批得一塌糊涂……最多是一派谩骂："放屁！放狗屁！放你赵屠户娘的狗屁！"

成都民众还发明了所谓"水电报"，作为与外界联系的工具：即将成千上万的小木片放进河里，随水漂到各处，上记成都发生的事件，呼吁外界支持。这一方法被外人称为"聪明的发明"。

民众开始组织保路同志军以作为自己的军事武装，从各郊县涌入。以哥老会成员为主的同志军手持刀矛，高举旗帜，每支或数千或上万，汇集城外准备攻城。成都市民正急切地盼望同志军入城，此消息立即散布全城。

一天早上，在街头玩耍的小孩看见有人骑马朝南门而来，便边跑边叫："他们来了！他们来了！"一位传教士描述道："正在理发的顾客也披头散发地跑出来，眼睛睁得大大的，一脸惊讶。"一些人叫着："他们从南门来了！"另一些人却嚷道："北门已经攻破！"随后人们得知这只是一场误会。这时的成都街头充满着躁动不安，恐慌像野火一样蔓延全城。

研究中国宗教的人类学家马丁（Emily Ahern）指出："国民可用宗教仪式反对政治权威"，辛亥革命中的成都街头所发生的一切，便印证了这一观点。

人类学家还发现，宗教仪式、节日庆典以及大众娱乐往往在社会剧变之时扮演重要角色，这些文化传统可被政治运动的领导人用于发动民众以对抗国家权力。

在过去，下层民众习惯于远离政治，对任何反抗政府的煽动总是心怀疑虑。然而，政治的表现形式发生变化后，即大众宗教和街头文化被精英用作发动民众的工具之时，情况则发生了极大的变化，他们像参加宗教或街头节日庆典那样投入到政治反抗运动之中。

虽然民众与改良精英在爱国的旗帜下站在一起，但是他们有着不同的既得利益。改良者希望利用民众力量迫使政府收回铁路国有政策，但他们并不想把其苦心经营的社会秩序毁于一旦。

然而对民众来讲，运动可以扩展为争取更大的生存空间和更好的社会环境的斗争。因此这种合作难以持久，一旦辛亥革命在全国爆发，他们的联盟很快趋于破裂。革命没有带来幸福和稳定，反而进入了一个更糟糕的时代。这是革命者和民众都始料未及的。

大众文化在政治运动特别是在保路运动中的巨大作用，并不表明街头政治决定了运动的方向，以前的研究已经指出武装起义的决定性作用。探索保路运动中的街头政治，意味着使我们的研究从精英的活动延伸到民众的角色，即从表面的政治波浪深入到波浪下面的潜流。从另一个角度来理解这场政治运动，进而也从一个新的角度来观察这次运动以及改良精英和普通民众之间的关系。

对于当权者来说，无论掌握了多么大的权力，似乎无所不能，但是对使用暴力，一定要慎之又慎，因为暴力可能反过来把自己吞噬。

日常生活的政治

你不问政治，政治要问你

人们经常说我不关心政治，过好自己的生活，但这不过是一厢情愿而已，你不关心政治，但是政治无处不在。你不过问政治，政治会过问你。哪怕你是一介小民，必须面对政治的影响。

辛亥革命前的成都茶馆，连茶馆里的顾客都不可避免地卷入到地方政治之中。韩素音在其自传中写到：茶馆不再是一个闲聊的场所，而充满着政治辩论和政治活动：

> 你知道我们成都是一个古老的城市，那里花树成荫，有文化气氛，到处是书坊，安静平和，人们为其古老和历史自豪……但在1911年5月底以后，它变为十分不安，公园和街头的茶馆充满躁动，这个城市正酝酿着骚乱。

这个时候，茶馆中"来碗茶"的吆喝不再像过去仅仅是社交或生意洽谈的开端：

> 立即吸引众多人聚集，有些人甚至站着聆听人们关于铁路国有和借外款的辩论。然后人们悄然散去，又到另一茶馆听另一场辩论。

如果说茶馆是人们公开议政的讲台，那么也是地方政府收集情报的场所。政府派密探到茶馆偷听人们谈话，竭力发现所谓反政府的"煽动"者，如韩素音描述的：

> 拥挤的茶馆召来了满清的密探。在露天茶社，在爬满藤蔓的凉亭下，在悦目的树荫和竹林中，都散布着边品茶边偷听文人谈话的密探。

在这一时期，公共场所的闲聊在很大程度上被政府所干扰。例如一项规定明令：如果发现任何操外省口音者在茶馆谈论军务，看起来像一个"间谍"，店主应向警察密报；如果所报属实并协助使"间谍"就擒，可得十元奖赏。由于政府经常利用茶馆得到的"情报"打击敢于批评政府者，各个茶馆都贴出"休谈国事"的告白，以免闲聊招惹是非。

辛亥革命以后，民国政府也把他们的政治引入茶馆，例如令各茶馆都必须悬挂孙中山、蒋介石画像以及国民党的《党员守则》

和《国民公约》。政府的这个强制要求也受到自由知识分子的批评，指出实际上是为了钳制人们的思想以实施专制。

在军阀混战时期，成都成为滇、黔、川军争夺的战场，城市里发生巷战，这时茶馆成为地方政治和社会秩序的晴雨表，其开门营业与否成为人们衡量安全的标志。

吴虞在一则日记中写到，他在"闻街上茶铺已开"后，才放心出门，但他和友人去茶馆的路上，看见"各街铺户仍未开也"。这也告诉我们，即使在战争的危险时期，成都市民仍抓紧一切机会去茶馆，追求他们的公共社会生活。

大众娱乐的革命化

随着社会和地方政治的变化，大众娱乐活动也不可避免地趋于政治化。过去地方戏剧主要表现情爱、鬼神、忠孝、贞节等传统主题，从晚清以降，此种"永恒"主题开始转变，"政治戏剧"开始进入茶馆。

1912 年，悦来茶馆上演根据美国小说《汤姆叔叔的小屋》改编的川剧《黑奴义侠光复记》，该茶馆在当地报上的广告中称：

> 本堂于戏曲改良，力求进步。现值种族竞争、优胜劣败，是以特排演《黑奴义侠光复记》一部。此剧从《黑奴吁天录》脱化而出，乃泰西名家手编，其中历叙黑奴亡国之惨状，恢

复故国之光荣，尤令人可歌可泣，可欣可羡，能激发人种族思想，爱国热忱。

显然，人们对这部美国名著的理解基于中国自己的处境。在辛亥革命之前，此书便已被翻译为中文，革命者曾用其进行反满宣传。这出剧的公演反映了在推翻清朝统治之后人们的情感和思想状况。

虽然传统的地方戏在辛亥革命后仍占统治地位，但是他们的主题从神鬼情爱转变到革命性故事。社会改良者竭力改变传统戏垄断舞台的状况。一些精英愤而指责戏院忽视道德，所演剧目是"名为教育，其实教淫"，担心中国数千年之伦理将毁于一旦。一些学校甚至禁止学生进入剧院以避免"沾染恶习"。

改良者还组织"新剧进化社"，以从事戏曲改良，其目的是教化民众、改变陋习、增进教育、宣传共和以及稳定社会。该社计划在悦来茶馆修建移动舞台，并按欧美技术进行舞台布景。

一些西方小说被改编为川戏，其大多有着明显的政治倾向，如《多情英雄》是改编自波兰的爱情故事，其揭示了爱情与政治、爱国主义与利己主义、英雄与"丑恶的"政客的关系。改良者还建立了一个新式剧场"革新新剧院"，由茶馆改建而成，专演那些讽世励俗、鼓吹婚姻改良的新剧。

民初话剧也被介绍进入成都舞台。新剧运动的先锋曾孝谷在民初从日本回成都后，组织了春柳剧社，与老资格的三庆会唱对台戏。三庆会是成都川剧界最有影响的班子，以其精湛的传统剧目而拥有大量的观众。与其不同的是，春柳以演"时装戏"即现代戏而吸引观众，具有强烈的政治倾向，如《祭邹容》《成都故事》《重庆独立》《徐锡麟刺恩明》《黄兴挂帅》《闹广州》等等。

这些新戏剧都是以辛亥革命中的真人真事为基础的，提倡革命暴力和英雄主义，与传统的鬼神、忠孝、情爱主题形成了鲜明对比。这种大众娱乐主题的转变，亦反映了政治和社会的发展。

当然，新戏的发展并不意味这一时期传统戏被取代，对广大下层民众来说，传统戏曲仍然更具吸引力。而新剧主要以受过一定教育的青年人为观众。

在五四运动和新文化运动的影响下，新型的"幕表剧"流行起来，参加表演者多是各校热衷于"反封建"的学生。1920年代初，专业话剧剧团"一九剧社"建立。除演具有革命内容的剧目之外，还上演西方名剧，如莎士比亚的《威尼斯商人》等。

1925年通俗教育馆在少城公园开办一个剧院，由美化社和艺术研究社轮流上演话剧，每周演出两三个晚上。这些剧由四川方言上演，吸引众多观众。1926年剧协在成都成立，在其主持下一些中外名剧得以上演，包括易卜生的《玩偶之家》。

值得注意的是，社会改良者还推出鼓吹婚姻自由的话剧《包办婚姻》，鞭笞那"罪恶社会"，揭露鸦片烟鬼、赌棍、流氓和妓女等"社会蛀虫"。他们称这类作品为"文明话剧"，希望以此推动"顺应世界潮流"的改革。

同时，地方政府也开展了所谓"游艺革命化"运动，修建了一个新剧场、一个影院、一个音乐厅以及一个舞厅，还支持了一个表现孙中山革命生涯的历史剧上演。显然，社会改良者和地方当局都认为，戏剧表演是教育和政治的工具，因而竭力推进具有政治性的娱乐。

革命的政治文化

革命的政治文化是由语言、形象以及人们的姿态等象征性行为组成的，在保路运动中的成都，这种象征性行为随处可见。它们焕发了人们的相互认同，促成了人们的步调一致，激起了人们的同仇敌忾，从而成为革命的强有力工具。

在讨论法国革命中的政治与文化之关系时，法国史专家 L. 亨特（Lynn Hunt）指出："政治实践并不仅仅是基本的经济和社会利益的简单表现"，革命者通过语言、形象和日常政治活动"来重新建构社会和社会关系"。革命者在政治和社会斗争中的经历，"迫使他们以新的方式看待世界"。

像法国革命一样，从相当程度来讲，辛亥革命在中国城市根植于一定的文化土壤。这一时期，在地方政治影响之下，街头文化被纳入政治轨道。在精英主导下的传统社会共同体（或社区）演变成社会学家 R. 桑内特（Richard Sennett）所描述的政治斗争中的"政治共同体"（political community），即人们的社会联系和共同行为不仅仅是社区的日常生活活动，还由于共同的政治利益。

1911年标志着民众的政治参与，以及从街头文化到街头政治的转变，这种转变也影响人们的日常生活。从那时起，街头经常用于政治目的，普通民众被迫生活在无情的权力斗争的阴影之下。虽然在很大程度上，街头文化和街头生活在混乱的年代幸存下来，但令人遗憾的是社会环境的恶化，街头文化和街头生活也不可避免地改变了。

精英对民众参与公共政治的态度的转化，实际上是根植于他们不同的阶级利益，他们自始至终都把民众作为与国家权力进行斗争的一种工具。当他们需要利用这种工具时，他们可以暂时容忍民众在公共场所的集体行为；然而当这种工具对他们来说不再重要时，他们便立即改变了对民众以及其公共行为的态度。

对于民众来说，无论他们是一场政治运动的支持者还是反对者，他们最终都没有享受到运动的成果，无非成为政治的工具而已。

为什么人民对革命不满?

服饰和头发的政治

从辛亥革命肇始,"革命"成为一个时髦的概念。不但政治思想与政治态度必须与革命联系在一起,而且与人们面貌有关的一切,从服饰到发型都纳入了革命的范畴。这种现象与法国革命甚为相似:个人装饰从特定方面显示了对这场革命是支持还是反对的态度。

许多激进的精英提出禁止穿旧式服装,反对者则称如此将造成"洋装"取代"汉装",政府不得不采取调和的态度,发布告允许人们自己选择,但清朝官服和制服则被禁止。

这时剪辫成为一种革命的标志。长期以来,辫子都被汉人视为满族人统治的一个象征,因此在新政府成立之初,便令剪辫以扫除"陋习"。但是剪辫也经常遭到抵制甚至导致冲突。据《国民公报》报道,一个该报称之为"乡愚"的农民在街上被警察抓住勒令剪辫,这个农民气急之下竟将那警察打倒在地,引起众人围观。

这一事件也说明，任何"革命"对不同的对象，便会有不同的反应。不过，在这一时期人们可见五花八门的发式，有的剪辫，有的留辫，有的既不剪也不留；有的恢复古式，有的用布包头发；有的戴遮阳帽，有的戴西洋帽。但是，保留辫子一般会受到社会的指责。这些各式各样的辫子和发式，其实也是当时社会变迁过程的缩影和真实写照。

《通俗画报》1912年上有一幅"假毛跟拜堂"的讽刺画（见图37）。"毛跟"为四川土语，即"辫子"（应该"毛根"更贴切一些）。这幅漫画讽刺了民国初年复旧倾向。题图曰："前十日东门某街某板铺用满清衣冠拜堂，而新郎之发，又早已剪除，乃缝一假毛辫于冬帽上，公然戴顶子，接新娘。观者无不笑骂。"

《通俗画报》上的一幅"警世画""有毛辫的遭殃"（见图38），生动描绘了辫子给人们所带来的厄运。这幅画显示有辫子的人将招致麻烦。我们看见，不管是在男女之间、警察和平民之间或者农民和城市居民之间的争端，人们都能轻易地抓住男子的毛辫。一人的毛辫卷进了一台机器，另一个人的毛辫缠到了马腿上，使得他被马拖着走。这显然是对那些辛亥革命后仍然保留发辫的人的讥讽。

像法国大革命和中国的辛亥革命一样，激进的政治运动带来了时尚的变化，即"个人装饰都从特定方面显示了对这场革命是支持还是反对的态度"。

图 37 "假毛跟拜堂"。《通俗画报》，1912 年。

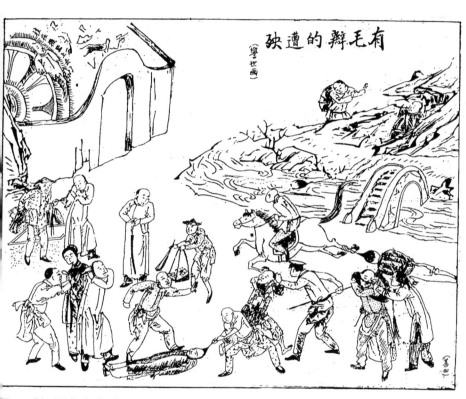

图 38　"有毛辫的遭殃"。《通俗画报》，1912 年。

假共和，真专制

一旦清廷倒台，民众在街头的政治使命便宣告结束，即使他们也在一些政治场面中出现，也多从表演者变为观望者。在以城市精英和旧官僚为主的四川军政府建立之后，竭力稳定公共秩序，并制定了有关规章以限制公共集会："本律称集会者，凡以一定之宗旨，临时集众，公开讲演皆是。集会关于政治者，称政治集会。"

组织任何诸如此类的集会，都必须事先向警察报告目的、时间、地点、背景、组织者的地址以及参加的人数等等。非政治性集会也得预先申请。新章程规定和尚、道士、中小学教师和学生、妇女、未满18岁的男子、有犯罪前科者、文盲等等都不得参加政治集会，这实际上剥夺了相当大一批人的政治权利。

该规章还赋予警察控制公共集会，包括解散集会等极大权限。警察可以监视和调查这类活动，如果发现任何有关宗教、煽动或"有伤风化"等内容，警察都可以强制停止。

革命所许诺的"光明未来"从未实现，而且人们的生存环境进一步恶化，这使他们将愤怒转向精英改良者、革命家和政府"新"旗帜下的一切事物。对社会现实的抱怨，表达不满和愤恨是日常生活的一部分。民众从对现实的不满转而成为对社会进行批评甚至持不同政见者。

澡堂老板刘师亮便是一个典型。他关心穷人的疾苦，以揭露社会的黑暗为开始，最后演变为与地方政权的较量。他以讽刺作品为武器，写了许多对联、诗歌和竹枝词批评时政。

例如，他用女人穿大鞋的小脚来比喻当今的共和的实质仍然是专制：

> 脚穿放鞋近来多，
> 裹脚缠它做甚么？
> 好似方今新政体，
> 内头专制外共和。

他指出，所谓革命和共和未给民众带来安定和幸福，而是更多的灾难：

> 幸福人人说共和，
> 共和偏著泪痕多。
> 迭遭兵燹逢饥馑，
> 无限苍生唤奈何！

他揭露军阀争权夺利对人民的危害：

> 你征我伐事诛求，
> 说起方方有理由。

只有无辜小百姓，

事齐事楚总堪忧。

并抨击人民遭受压迫、没有权利的事实：

几多杂币纸银圆，

吸尽脂膏是四川。

军阀太肥民太瘦，

大家空自说民权。

因此，所谓"共和""自由""幸福""民权"都是开给人民
的空头支票，人民没有从革命中得到任何好处，而是更多的灾难。
另外，民众不仅反对带给他们遭难的政治系统，对那些更直接的
地方社区的领袖滥用职权也深怀不满。

街头的溃败

在清覆没后，街正改由民选，但有人"假公众之名"而企图
操纵选举，甚至使一些地痞也混迹其中。据报道，外东街的街正
便被称为"痞棍"，曾以赌博和贩卖鸦片而数次被捕。一次，通
顺街的百余"街民"上书政府指斥其街正是当地"流氓"。因此，
冲突不可避免在普通居民和社区领袖之间产生。

对城市公共空间的使用也可造成市民与地方政府的直接冲突，20世纪20年代许多贫民强烈反对修建春熙路便是一例。从总府街到走马街一大片地过去是布政衙门，但清覆没后被荒弃。

许多穷民不断迁移到这一地区搭棚暂住，接着一些小店开办，逐渐形成了一个小巷。1924年，四川省长、军阀杨森主持一项改进成都街道的庞大计划，其中包括修筑春熙路，杨森派军队捣毁席棚、房屋和店铺，迫使人们搬迁，由此造成民众的反弹。

其他街道的改建也使民众惶惶不可终日，许多房屋面临被拆除的危险，许多茶馆、商铺不得不关门。这个计划激起了众怒，如茶馆的店主们吁请行会提供援助，以罢市作抗议。由于这次拆迁的打击，商会举办的每年一度的春节庆祝活动也被迫搁置。在春熙路完工后，刘师亮写了一副对联表达民众的愤懑：

> 马路已捶成，问督理，何时才滚；
> 民房已拆尽，愿将军，早日开车。

此对联有若干双关语，"才滚"是指铺路后要用石磙压路，但这里却暗含"滚蛋"的意思；"开车"是指"驾车"，但这里暗含"滚开"的意思。这副对联暗中贴在闹市盐市口，由于表达了人们要杨森尽快倒台的愿望，在两天之内便散布全城。

这或许是街头文化如何被转变成街头政治的另一个例子。与1911年革命期间不同，当时地方精英领导了这样的转变，而这时民众则在街头政治中自觉地发挥了积极作用，这或许表明他们与地方政治更深层的牵连。

下层的不安和躁动

这一时期，每当全国或地方政治的关键时刻，学生总是上街游行，表达其政治主张，"警醒国人"，如 1919 年要求收回山东半岛、1920 年四川自治以及 1921 年中国参加华盛顿会议等。每年重要事件的纪念日，学生也总是组织宣传队上街演讲。

1920 年代的成都已不再有声势浩大的反洋运动，但突发事件时有发生，如在一次反日示威之后，二百多名被日本人称为"暴民"的人捣毁了日本领事馆。学生对国际国内政治的反应，反映出成都与其外部世界之间的日益密切的联系。

当然，下层民众也并没有退出街头政治活动。如果说学生考虑的多是国家的命运，那么一般民众则为自身的生存和经济利益而斗争。如纺织工人在三皇会和工人行会组织下，在财神会和百神会支持下进行罢工，要求提高工资，但地方政府出告示严禁，罢工工人在街头高呼口号，警察指控其扰乱公共秩序而予以阻止，并以严惩相威胁。

茶馆业在其行会组织下，也为保护自己的利益而采取了集体行动。过去，按规定，茶馆和剧场每月一天的收入用于慈善事业，这实际上成了一种税负，后各剧场相约拒付此税，指出慈善捐款应出于自愿。

民众经常抗税与政府对立，如因警察强迫征收茶税并殴打、拘捕店主和茶房工人，行会发动罢市要求减税，并派出代表与警察谈判，此举得到广泛的支持。

《时事周报》曾发表一篇题为《五月的成都》的文章，列举了在这一月内发生的政治反抗：先是商人反对提高印花税而罢市并得到各业支持，然后是各商店罢市抵抗新的印花税并要求释放被捕的商会会长，随之又爆发了工人要求提高工资的示威。因此该文的作者称这是"革命的五月"，并指出这是成都工人自我意识觉醒的表现。

1920 年代，劳工开始建立他们自己的组织以争取共同的利益和权利，这些组织包括"南门劳动自治会""印刷界劳动互助团""劳动界爱国十人团"等。这些组织证明成都工人开始逐渐意识到组织起来的重要性。

一些下层民众的组织虽然看起来"不伦不类"，但仍然展示了其政治色彩。例如，一个道士宣称他在梦中受命于唐明皇去拯救世界，他与其追随者还准备了"中华天正国"的旗帜。

一次，一个女扮男装的小孩被抓住，据称是被"邪教"派来收集情报以准备起事；一个住在南门的黄包车夫聚集百余名青少年组织了一个所谓的"棒棒会"，参加者每人出五元钱购匕首。

这些组织反映了在动荡社会中，下层民众的不安和躁动，说明他们也力图以其可能的方式证明自己的存在和表达自己的声音。

成都的大众反抗呈现出各种形式，包括散发揭帖、公开讲演以及政治示威。有的则是以个人行为表现出来，但反映了其所在社会集团的愿望和要求。

在过去，成都的街上匿名揭帖很为普遍（所谓"揭帖"有点像大字报或者传单，今天网上的那些传播广泛、快速的帖子也具有类似功能），大多是那些蒙冤受害者贴出来。20 世纪初此方法亦为各社团所采纳，用以表达其政治声音。有人对这一现象提出批评：

> 省城近日或开一会，结一社，无论其理之曲直，事之虚实，而无名揭帖到处高张，意存冲突、破坏而后已……每于揭帖之末，笼统署曰"某界同人"，或曰"全体公启"，骤闻之非不骇人听闻，而实按之，竟多虚张声势。

虽然这个批评可能反映了一些社团"虚张声势"的事实，但从另一个角度体现了人们的政治觉醒。人们知道怎样利用宣传工具去扩大自己的或自己所在社会集团的政治影响，去吸引社会的注意。

人们的政治诉求推动了公开演讲的日益流行，甚至有如"四川演讲总会""女子教育演讲会"这样专门化的组织出现，这些演讲会动辄吸引数百人参加。

公开演讲成为政治动员的象征，并且能够在民众中产生极大的影响。在这个过程中，精英们成功地将他们的政治思想灌输到民众的头脑之中。

毫无疑问，在民初的成都，个人行为逐渐形成集体行动，这不仅改变了街头生活，而且改变了城市的政治文化。怀有政治目的的集团力图控制民众的街头活动，在这个过程中，街头文化获得一些新因素，但同时也就失去了它的一些旧成分。

虽然民众运动不再具有像保路运动那样大的规模，但是街头政治活动的扩散，却反映了普通民众对新的政治体制和社会现实的强烈不满。中国知识分子和改良精英参与政治一般是为他们的理想和事业而奋斗，而下层民众加入政治斗争则通常是改变自己的处境和生活条件为直接目的。

因此，下层民众卷入政治的程度将视社会、经济和政治状况为转移。民众街头政治斗争的频繁和活跃，从一个侧面反映了人们生存环境恶化的社会现实。

生活在恐惧的时代

持续不断的混乱

对于成都市民来说，民国初年最大的变化，就是他们必须在一种持续不断的混乱环境里维持其日常生活。从辛亥革命以来，成都便像中国其他许多城市一样，进入了多事之秋。

政治局势的不稳，经济状态的恶化，加剧了社会动乱。一个西方人在1930年代曾指出，四川是"辛亥革命后土匪肆虐最严重的地区之一"。作为川省的政治、经济中心，民国初年的成都并非四川最糟的地区，但人民仍然经历了深重的灾难。

善良的人们从未料到革命竟伴随着如此巨大的浩劫。革命期间清军完全失控，"街头成为士兵的天下"。端着枪和刺刀的士兵在街头耀武扬威，横行霸道。据时人描述，这些士兵装束非常奇怪，一些头戴"英雄结"，身着五彩裤；一些长发垂耳，一些脚打绑腿，像戏台上的演员。"英雄结"是辛亥革命时期一种独特的头式，因为一些士兵在革命后拒绝剪辫，便把其辫子用一条带子扎在前额。

1911 年 12 月 8 日，一大帮兵痞涌向临时军政府所在的皇城，要求发给拖欠的军饷。当他们强行闯入军政府时，正、副都督已仓皇逃命。乱兵接着抢劫了大清银行和其他两家银行，然后洗劫劝业场。

据传教士描述，在劝业场，"一瞬间这些士兵便把楼上楼下洗劫一空"，玻璃橱窗被砸碎，街上到处是碎片。当天下午，乱兵又抢劫了成都最为繁华的地方——东大街，"傍晚，三五成群、荷枪实弹的乱兵闯入成都各大公馆勒索金钱"。

入夜，各典当行成为主要目标，城内发生十余起火灾。"枪声持续了整夜"，市民们"几乎度过了一个不眠夜"。是夜，城门亦未关闭，乱兵们源源不断把赃物运出城。

这次洗劫，成都损失巨大，除遭抢劫外，"大量银子熔化于大火、消失在灰烬"。仅布政使银库便损失 600 万—800 万两银子。四川从此失去了稳定局势的金融后盾。

民初的成都成为兵痞的世界，街头被军阀的军队霸占和控制，军警巡逻街头。大量军队驻防成都，散兵游勇更不计其数。他们成为这个城市的主宰，而人们的日常生活却受到极大的干扰。

这些士兵在公共场所无恶不作，比如他们经常在街上拉夫，特别以苦力、轿夫、黄包车夫为对象，以至于这些人成为惊弓之鸟，一有士兵在街头呼车，他们便跑得无影无踪。

为避免军队的乱拉夫，商会提出每个轿行出四人作为劳工，以换取停止街头拉夫。那些兵棍不仅以下层人民为拉夫对象，甚至街正、教师等有头脸的人物也会成为他们的牺牲品。

军人欺压市民的报道充斥地方报纸。例如，一个士兵在一个饭馆吃完饭，不仅不付饭钱还殴打店主，砸坏碗盏；一位市民端碗油漆从北门进城，守城门的兵士指控他走私鸦片，当那人力图辩解，士兵大发脾气，用碗把那人砸得头破血流；一个裁缝路过皇城驻军大门，出于好奇往里看了几眼，门卫便称其为密探把他五花大绑。

一次，近二十个士兵欺压一个绸店老板，愤怒的街民向他们讲理，士兵用刺刀将人们轰开，街面各店也因之关门。附近警察因慑于军人的淫威，对人们的求救不予理睬。

他们还占据庙宇作为军营。一位在20世纪20年代访问成都的日本人便看到，青羊宫的大殿里睡着士兵，他们在祭坛上烧饭，在廊柱上晒衣。

由于军人所享有的"特权"，许多人特别是那些地痞经常装成士兵以虚张声势，甚至小孩、军官家的佣人也以着军装为荣，因而在成都一时领章帽徽成为紧俏商品。由于此风愈演愈烈，军队不得不出令禁止，警察亦令裁缝不得制作军装。

社会动乱的确削弱了警察的权力，而警察权力的削弱又使街头社会秩序更加恶化。在民国初年，警察、宪兵、民团、军队都有控制社会治安之权，可说是政出多头，然而警察正如时人所称已"形同木偶"，从而给予地痞流氓在街头极大的活动空间。

警察权力经常遭到其他力量，特别是地方土匪和兵痞的挑战，警察本身也成为被袭击、抢劫甚至被杀害的对象。如当一群兵痞在街上把一个值勤警察殴打致死时，还张狂地叫嚣："送你去西天站岗！"

更具讽刺意味的是，警察自己的社团"警界会"，一次也被地方豪强捣毁。这一时期，警察因尽量避免与有势力的集团发生冲突而失职，市民对此十分不满。

然而，似乎外国人对这些耀武扬威的无赖之徒有一定威慑力。一个绝妙的例子是：一个士兵强行进入二仙庵的女宾休息室，并殴打前来阻止他的警察，"一名外国人手执马鞭上前，二话不说，将该军人背部抽打数鞭，那人只好悻悻而去"。

然而，不能胜任维持治安责任的警察却经常滥用职权，反成为扰乱市民日常生活的一个消极因素。例如，有些警察以搜查鸦片为名闯入百姓人家，侵吞私产，由此造成一些地痞假装警察作案。有些沾染鸦片的警察则在值勤之时入烟馆过瘾。

即使有警察试图恪守自己的职责，但当他们面对蛮横的士兵时，武力冲突便不可避免。例如，一次当八十余名女子中学的学生从女子入口进入花会时，两个士兵故意插入队伍逆向而行，值勤警察要求他们出来，从男子入口进入，随后又有士兵故技重演，从而引起争执。

其中有军人突然吹哨大喊"紧急集合"，顷刻数十名军人围住一个警察大打出手，有的甚至抓起邻近摊子的板凳向警察猛砸。一旁的警察赶快求情："各位先生，实在要走女宾路，请走就是。"

他们将那挨打的警察扶起，"令其向众军作揖赔礼"。但军人并不因此息怒，"又将三警围打，且把战刀、指挥刀口鞘等类夺去，又撕毁制服。有喊就刀杀者，有喊不杀他打死了事者。该三警之惨状，故不待言。而秩序亦大乱。观者以千万计，交通为之塞断"。

此事激起极大民愤，军事当局也不得不出告示安抚，明令军人不得扰乱公共治安，违者军法处治。军队还许诺派宪兵巡逻以杜绝军人制造事端。由于当时缺乏强有力的稳定社会的力量，社会状况和日常生活环境日益恶化。

死亡的仪式

社会动乱导致了土匪的猖獗，这对成都市民来说是灾难性的。辛亥革命之后，土匪数量剧增，抢劫事件层出不穷，并从城郊蔓延到城内。一次，百余穿着军装、扛着大枪的土匪大张旗鼓地开进北门外各街，居民以为是地方军。在这一区域他们抢劫达四个小时，并焚烧房屋。

这一时期，成都近郊成为一个危险区域，土匪甚至经常冲进茶馆抢劫和枪击茶客。许多乡绅为逃避匪灾而移居成都，以为便可以求得安全避风港。但他们发现，成都也不再是一个可以高枕无忧的地方。

抢劫事件急剧性增加，成都居民无不感到不安。地方政府为了稳定社会秩序，经常采用公开行刑的方式来威慑土匪。当然这也不时成为独裁者压制不同政见的手段。

在传统社会，执行死刑犹如公开的死亡仪式，被国家权力用来震骇民众。这类仪式总是在闹市举行，以取得"杀一儆百"的功效。在民初的成都，公开行刑成为家常便饭。像古代一样，在执行之前，先是游街示众。

在这个时期，人们经常可以看到类似场面：在队伍之前，几个号兵吹着悲凉的号角，其后是一排持枪的士兵。《通俗画报》1912年有一幅图（见图39），是被定伪造货币罪的人游街示众，木牌上写着"伪造者斩"。在1920年代，枪毙逐渐取代了砍头。

在大街上，人们可以不时看到囚车缓缓驶过，死囚捆绑或夹在囚笼中，上身裸露，有的嘴里不断叫着"我冤枉啊！"，有的则借机展示"英雄气概"，发表演说或高呼诸如"二十年后又是一条汉子"之类的豪言壮语。

紧接着是荷枪实弹的官兵。游街总是吸引了无数的围观者，给了那些对土匪恨之入骨的人一时的兴奋和暂时的满足，但在一定程度上也给这个城市的社会生活蒙上了恐怖的阴影。

通常行刑游街要穿过东大街，然后出东门，过紫东街、年丰巷到莲花池，途中经过的一座桥也因之被称为"落魂桥"。刑场设在莲花池与地藏庵之间，那里甚至演变为市民寻求刺激的聚会场所，一些人甚至早早地等在现场一睹为快，小贩也趁机在那里兜售商品和食物。

一篇报道描述说，一个死囚在行刑时拒绝走出囚笼，刽子手

图 39　处决伪造货币者。《通俗画报》，1912 年。

竭力把他拖出，不想那囚犯竟一口咬伤了刽子手的手，刽子手气愤至极，手起刀落将那囚徒砍死。

有些死囚的尸体在运回原籍埋葬之前，存放在地藏庵，那些无人收尸者则由当地保甲雇乞丐就地埋葬。由于这些尸体仅以破席一裹浅埋了事，故经常被野狗撕得七零八落。

在民初，死刑经常在地处闹市的警察局门口，甚至在商业中心春熙路和少城公园执行，社会改良者对此颇有批评，指出有碍卫生、鼓励残暴等等弊端，呼吁刑场移到城外。1927年，军事当局准备在中山公园前处决一个犯人，市政府亦要求移往城外。

枭首示众也被军事当局用作威慑的工具，这个方法经常用于那些罪大恶极的死囚。如1916年在匪首巫人杰被处决后，其首级被装在木笼中在东城门悬挂三天，然后陆续移往西门、北门和南门示众。

当然这种方法也用于打击政治敌人。如1917年川军和滇军在成都巷战时，滇军将四个俘虏首级挂于皇城。虽然枭首在1928年被当局明令禁止，但此后这种古代的"死亡仪式"仍然存在了相当长一段时期。

谣言盛行是因为人们惶恐不安

社会动乱加剧了人们的危机感，同时成为人们广为散布谣言的温床。在辛亥革命之前，公共场所便成为谣言散布之地。其实谣言也不尽是空穴来风，常常是与当前人们所关注的问题联系在一起，而人们所关注的问题也不时转移。

正如一个传教士所看到的："关于英国人占领西藏的谣言在茶馆里已不再引起轰动，人们的注意力都集中于几星期来剪辫子的传言。"

有人器官被割的谣言又甚嚣尘上，五人被捕，招认捏造这些故事不过是哗众取宠。警察将其戴上枷锁游街以示惩戒，还将他们的供词贴出。警告对谣言制造和散布者将严惩不怠。

一位年轻人在茶馆与一个陌生人议论道听途说的新闻，哪知那人是个密探，他因此被警察逮捕。在辛亥革命之后，社会承受力更为脆弱，谣言加剧民众的不安，政府则以严惩为手段进行打击，所谓"造谣惑众者"可能被判处死刑。

有一时期，成都盛传街头石板地上的黑线是大灾难的恶兆。警察逮捕了两个正用铅笔在石板上画线的人，显然两人不过是恶作剧。警察的确被各种谣传所困扰。那时由于土匪猖獗，诸如大量土匪混入城内的谣言甚多。每当此类传言盛行，警察便派密探到各茶房酒肆观察动向。

谣言往往盛行在旧秩序被破坏而新秩序尚未确立之时。当时便有人力图分析谣言的根源，其结论是"上等社会"和"下等社会"对此都有责任，但问题主要在上等社会：

> 夫谣之造也，其意必有所图。为名位而造谣者，必上等

人物；为财帛而造谣者，必无赖游民。然无赖游民之造谣也，有以上等人物之谣言为动力，其目的虽不同，而其贪得之心则一也。吾甚望为政要者，幸勿信口雌黄，致乱安宁之秩序，任情诬蔑，不计利害之何如。

《国民公报》评论道：在晚清人们听信谣言是因为人心惶惶，然而民初这种不安全感反而加剧，人们时刻感觉大祸临头，如"惊弓之鸟"，从而谣言盛行，因此政治的不稳定为政治谣言提供了环境。

具有讽刺意味的是，在《国民公报》刊登一篇讨论"息谣之法"文章的第二天，该报便有一篇关于谣传盐价上涨人们蜂拥购盐囤积的报道。

然而，有时所谓"谣言"也未必就是谣言。1916年关于军人买米不付钱的"谣言"在南门一带流传，导致各米店关门。尽管警察宣称这是谣言而竭力追查，但是如果我们看那些兵痞在成都的所作所为，他们在茶坊酒肆和店铺估吃霸赊可以说是司空见惯，这些很难说都是"谣言"。

此外，地方政府经常以所谓"妖言惑众"，来惩办敢于批评军阀和当局的人士，因而任何政治话题甚至"街谈巷议"，都可被诬为"谣言"，而被禁止和受到打击。

在民初，成都街头的"地皮风"经常造成极大的混乱。所谓"地皮风"，即"虚惊"，经常由一件小事引起大恐慌。每当"地皮风"

刮起，人们便在街头各自奔命，市场一片狼藉。例如有人在青羊宫附近举行一个葬礼，当按传统习俗放鞭炮时，整个地区的人们都以为发生枪战而惊恐万分。

一天傍晚，一阵"地皮风"在许府街、顺城街一带刮起，各货摊和商店立即收捡关门，人们夺路逃奔，轿子价格疯涨，甚至警察也从街头消失。后来人们才搞清，其起因不过是两个卖稻草的农民发生争执，一个看热闹的醉汉被绊倒，他爬起后便一阵疯跑还一边狂叫："打起来了！打起来了！"不知底细的人们也因此受惊。

同一天，一个士兵的枪走火而导致皇城坝、提督街、东御街、西御街等大片地区的人们虚惊一场。上述事件都发生在1916—1917年成都最混乱的时期，说明不安全性和恐惧感已经成为人们日常生活的一部分。

在那个动乱年代，街头发生的任何小事都有可能引起人们不祥的联想。例如《国民公报》曾以《恐怖新闻——一小孩的舌头被割》为题报道，人们在东府街发现一个光着上身、嘴中流血的小孩。当问及发生何事时，发现他只有半截舌头而不能说话，人们料定他舌头被割，警察立即把他送到医院并着手调查。

但第二天该报报道，那小孩的舌头仍在，因头天人们见他满口是血且不能说话，故造成误判。其实他是一个鞋匠的儿子，患有一种疾病，当"发狂"时经常咬破自己的舌头。从其症状看，很可能是癫痫，即成都人经常说的"扯羊儿风"。

另一个故事也反映出普遍的不安和恐怖的感觉：一名警官在街上看到一个人扛着一口揭开的、装着一个小女孩的棺材，警官立即怀疑这男子打算活埋这女孩并开始跟踪。在上升街的拐角处，警察发现那人快速行走，并听到孩子从棺材里发出的要妈妈的哭声，于是警察将他逮捕。

那人解释道：他送一具棺材进城时，一位老朋友叫他把生病的女儿送到平安桥医院，他只好将女孩放在了棺材里以便行路。警察立即找到女孩的父母，证实了他的说法。

虽然从表面上看，这些事例是由于人们的过于敏感，但实际上反映了社会动乱给人们造成的心理恐慌。除了说明那个时代人们过分忧虑之外，这个故事也显示出一些文化和信仰的因素，满口鲜血而不能言语的小孩，装"死人"的棺材经过拥挤的街道，不可避免会引起人们的注意。

城市里各个角落的居民都担心城里发生任何非常之事，甚至一件小事也可能引发恐慌。一个简单的误会就能引起骚乱，表明成都居民在这个混乱的时期经历的心理压力。

地方报纸的政治讽刺

《国民公报》及其"虚虚实实"专栏

19 世纪末 20 世纪初大众传媒在成都出现并快速增长，十年之内，成都已有二十多种报纸。有些存在时间短暂，但有些则持续出版了多年。辛亥革命后，四川总商会总理樊孔周改组《四川商会公报》为《四川公报》，这是一份政治上保守的报纸，经常批评新成立的革命政府。该报不久便被四川军政府都督尹昌衡所取缔，1913 年樊因之创办了《国民公报》。

1915—1916 年，当袁世凯试图复辟帝制之时，在政治高压下，成都的大多数报纸被迫关闭，《国民公报》是少数幸存者之一。虽然樊对袁不满，但他避免直接对其批评，成为这一时期成都市民阅读的主要报纸。然而，当 1917 年 5 月川滇军阀混战，《国民公报》进行了全面的报道，对战争的惨烈进行了真实的描述。6 月，他被军阀派人暗杀。

《国民公报》在创办之初，便开辟了"虚虚实实"专栏，发表两三百字的短文，以具有独特风格的政治讽刺手法，讨论当时的政治、社会和文化。本节利用 1917 年在这个栏目发表的文章，从其字里行间，揭示这些文字的政治、社会和文化意义。我将主要讨论这个栏目对军阀政治的抨击、对现实社会的批判，以及对战争惨状的描述。

显然，这个报纸不认同袁氏政府以及其在四川代理人的所作所为，但它也并未试图冒险与其对抗，所以通过间接批评的方式，通过政治讽刺，来表达他们的愤懑。既然用的"虚虚实实"这个词，实际上便可以包含真实或臆想两方面的内容。也就是说，在"虚虚实实"这个栏目中，既有关于文化、社会、政治的新闻报道，从中我们又可以看到当时存在什么问题，人们关注什么问题，以及怎么认识和处理这样的问题。我们今天对这些问题的解读，可以帮助我们了解这个城市以及整个国家在这一时期的社会和政治。

这个栏目的文章，有许多是虚幻的，包括道听途说或动物神鬼的拟人化，用以进行社会批判。文章经常以"某天……"或"某人……"，或"某地……"等开始其故事，这种风格给予作者以极大的灵活性。或以幽默讽刺的形式，或借用他人的话，来表达对当时政治的不满或进行社会批评，这也是避免惹麻烦和逃避政府追究的一个好策略。

大多数的这些短文都没有标明作者。本栏目作为一个论坛，涉及政治、社会、文化等许多方面。这些短文喜欢使用双关语，不少文章从表面看来，是在谈一些日常生活中的小事，或漫无目的的闲聊，但实际上隐藏有另一种含义，通常是在字里行间暗含政治观点或对现实的批判。

抨击军阀黑暗统治

"虚虚实实"栏目中的一篇短文，将对军阀的抨击通过一个算命先生的话表达出来：

> 某街为一测字先生，众称神妙。然其嘴劲而已。闻昨有某君到伊摊测字，随手拈一字，为"戴"。测字先生曰："问什么事？"某君曰："问纸币何日兑现。"曰："据字体看来，头上是'土'字，有土此（就）有财，有财即可兑现。但'土'字之下是一'田'字，现在的田种的是胡豆菜麦，都是干的。'田'字之下，是一'共'，将'共'字拆开看，是二十一，或者二十一号八（点）钟便有好消息。惟右边是一'戈'，恐怕又为操戈者截取。"某君怃然而去。

四川在辛亥年由于兵变，藩库和银行被抢，因此出现金融空虚，辛亥革命后货币一直不稳定。从这段对话看来，在1917年2月，纸币兑换银圆出现了问题。而当时川省为军阀所控制。这里"戴"字，显然是暗指黔军军阀戴戡，此时任四川省省长。由于"戴"字有一"戈"，作者以测字先生之口，表达了在军阀统治下，什么事情都是不确定的，枪杆子可以为所欲为，最后"恐怕又为操戈者截取"。而仅几个月后，这个算命先生的预言不幸成为现实。

由于辛亥革命后长年累月的战乱和社会动荡，使许多人对革命彻底失望了。"虚虚实实"上的一篇文章便以非常巧妙的形式，对那些所谓的"伟人"——其实就是乱世英雄——进行了辛辣的讽刺：

某校数学教员在讲堂上与学生讲正比例、反比例的道理，讲了一点多钟，学生仍然不了悟。一学生起而立正，请教员举个例子。教员想了一下便说："伟人与强盗是个正比例。民国成立的时候，初发现伟人。那时盗贼要少些。嗣后伟人愈出愈多，盗贼也愈出愈多。故伟人与盗贼适成为正比例。"这里所揭示的，所谓伟人越多，这个世道越乱，也即是指出那些手握权力的人，不但没有给人民谋利益，反而带给人民以灾难。

这个老师还用"文明"和"幸福"来证明反比例，说两者是背离的。按道理说，专制制度推翻了，社会按照革命者的说法更文明了，人民的生活应该更加幸福才是，但实际上却相反，社会局势动荡不安，人民遭受更多的苦难。所谓的"共和"，不过是假共和，不过是面子上的文明。

这种对民国不满的情绪可以说是广为散布，如果说上面所举人们对"文明"的失望反映了百姓的切身感受，那么精英也不断发泄对世道的愤懑：

民国成立以来，惟以吾蜀论，人民处吁嗟愁苦、哀痛流离之日为多，至今则达于极点矣！是岂吾民之厄运耶？抑亦民国之晦气也？若溯厥原，无非法律不能生效力耳。夫阻兵怙恶，焚杀频加，盗据神京，倔强边徼，是皆法律所不许者也。而彼辈必欲为之，所谓国家之妖孽者，其是之谓乎？

这就是人民对辛亥革命之后的所谓共和政体最真实的感受，也就是说，一场革命之后，到底普通人从中得到了什么？人心向背，这是值得我们后人认真思考的。

政治讽刺的力量

"虚虚实实"还以调侃孔子来批评当时社会的问题：

有一讲书先生，所讲不是小说传奇，乃是一部《论语》登台，说道："今天无事讲段孔子的历史与各位听听，也可以消遣长夏。孔子当日，时局汹汹，纯是个党争世界。但是孔子的道德广大，能够收罗各党，所以达巷党人，以及阙党童子，都来服从他。既而各党见著孔子周游历国，栖栖遑遑，没有一点权利，于是私自商议，与其跟着讲道德仁义的孔二先生，天天打转转，倒不如改变方针，去跟着孔大先生的好。"内中一人问道："孔大先生是那（哪）一个？"有人回答道：

"你不知么，姓孔名方便是。"众人听到此处一笑而散。

这里实际上揭示了这是一个金钱影响政治的年代，孔子式的周游列国游说，隐喻政客们的政治说教，已经在金钱（"孔方兄"）面前败下阵来。

这个专栏通过许多幽默的故事，以一种轻松的方式，讨论严肃的社会和政治话题。这样不仅避免惹怒地方政府，而且还吸引了大量的读者。这个专栏涉及各种主题，从战争、军阀、暴力，到城乡差距、社会习俗、新旧文化冲突。从本专栏的这些短文，我们看到辛亥革命和民国初年其他政治运动，导致了政局不稳，也促使市民、居民更多地卷入到国家政治之中。

虽然从政治态度来说，《国民公报》还是相对保守的，但它仍然不断挑战当局的政策和权威。"虚虚实实"专栏还反映了当时社会、经济、文化的转型，从本专栏的这些短文所揭示的问题，我们看到辛亥革命和民国初年的政治动荡，导致了社会混乱，人心不稳。成都像其他中国城市一样，遭受战争和经济的双重打击，它的遭遇既反映了同时期中国其他城市的共同经历，也反映了其地区的特点。

政治讽刺是在一定社会状况中产生的。在没有言论自由的情况下，人们只好通过非直接的办法来表达，这种表达使我们从一个角度理解当时的政治和社会。政治讽刺虽然是隐晦的，但从特定的方面反映了政治状况，这种表达与直接的政治批评所产生的结果是不同的。我们还可以看到，政治讽刺的形式也可以是多种多样的，可以是语言的直接陈述，可以通过荒诞的故事，可以运用误解或谐音，可以通过神和鬼怪传言，可以利用茶馆里的闲聊，既可以是精英，也可以是一般平民。

当然，这种政治讽刺是存在局限的。经常以轻松调侃的形式来表达严肃的话题，因此攻击力当然就十分有限。而且许多话不能直截了当，只好拐弯抹角，也颇费人们心思去猜测，读者或许不能领会作者的初衷。

另外，这种政治讽刺经常是以某种极端的形式表现出来的，因此所要表达的政治观念也可能带有偏见，或者是片面的，不是全面的分析。我们看到，在"虚虚实实"中，不少文章是表达对革命运动之态度的，正如前面所提到的，《国民公报》在政治上相对保守，因此对于革命是颇有微词的。辛亥革命在"虚虚实实"的政治讽刺中，可以说基本上是以消极的形式表达出来的，主要发泄人们对革命的不满。这种表述虽然有其政治的偏见，但也的确反映了辛亥革命后人们对这场革命的失望和不满。

市民的自卫

"于无声处听惊雷"

辛亥革命后，许多政治事件都是在街头上演的，盛大的场面成为街头文化的新景观。

当时四川高等学堂的美国人那爱德（Luther Knight），目睹了1911年11月27日大汉四川军政府在皇城的成立，并拍摄了群众集会的珍贵照片（见图40）。背景是皇城的城门洞前。从城门洞望去，可以看到远处刻有康熙御笔"为国求贤"的巨大石牌坊。集会的人们可以说是密密匝匝，人头延伸到牌坊以外。近处书有一个大"汉"字的大汉四川军政府的白旗子格外醒目，与黑压压的人群形成了强烈的对比。这张照片把渗透着古老、凝重的城门与代表着力量的民众记录在一起，使人感觉到一种震撼，从而想到鲁迅所说的"于无声处听惊雷"。

另外两幅民初的时事画生动地描述了街头政治的这种展示：一幅是关于四川都督尹昌衡带领军队从皇城而出（见图41），另

图 40　大汉四川军政府成立，1911 年 11 月 27 日，皇城。

图 41 "尹都督西征出发图"。《通俗画报》，1912 年。

一幅是炮队通过南门开始"西征"的场景（见图 42）。所谓"西征"是袁世凯令四川都督尹昌衡平定西藏暴乱的一次军事行动。

两幅画都是由城墙、军队、马匹、旗帜、枪炮和围观民众组成的。据这两幅画的题词称，当军队出发南征时，有数千群众在南门送别。我们还可见到不少社会组织出现在画面上，从人们手中的小旗可看到"各法团""民团""报界"等标志。

即使在如此庄严的政治气氛中，我们仍然可以见到一个路旁的小吃摊和几位顾客。这类图画不仅帮助我们理解地方社会和政治，而且提供了都市面貌和景观。

灾难深重

当乱兵在辛亥年洗劫成都时，一位传教士曾乐观地预测："革命不会每年都发生，前途是光明的。"他万万没想到，无休止的动乱才刚刚揭开序幕。除了横行霸道的兵痞和土匪外，军阀混战更是贻害无穷，给人民带来深重灾难。

1915 至 1916 年的护国战争，四川成为反袁的主要战场。当混战蔓延进成都市区，受惊的市民躲在家里，店铺关门。

护国战争的胜利并未给成都市民带来和平，而是种下了大难的祸根。1917 年是成都市民最悲惨的一年，两场巷战发生在市区。先是 5 月的川滇军之战，持续一周以上，上万人伤亡，数千民房被焚毁，财产损失在千万元以上。

西征礮隊
出發圖

（時事畫）

七月二十九
日即昨日午
前九鐘西征軍
礮隊由南門
出發觀者人山
人海連亘之塞
歡送者凡數千人
征者必在歡送
隊中特作閑
以誌盛送藹蒼芊
推春誌此

图 42 "西征炮队出发图"。《通俗画报》，1912 年。

然后是 7 月的川黔军之战，由于黔军在南门纵火，导致六千余民房化为灰烬，财产损失数百万元。这些地区包括孟家巷、文庙前街、青莲巷、红照壁、梨花街、粪草湖、锦江桥、东御街、西御街、磨子街、光华街、纯化街、转轮藏街、上河坝、下河坝等。

两次巷战使成都三分之二商业区被毁，上万人成为难民。正如《国民公报》所称，此乃"数百年未有之浩劫也"。

的确，这是自明末张献忠之乱后成都第一次成为战场。据《国民公报》报道，当滇军控制了成都东北部时，凡他们能发现的与警察和川军有关的人员，都被赶到城墙边枪毙或用刺刀戳死，尸体被扔到城墙外，仅武城门外由慈善组织掩埋的尸体便有二百具以上。

当一些乞丐从死人身上剥衣服时，发现有人还一息尚存，但滇军士兵则残忍地用石头将其砸死，然后把尸体抛进河里。他们在交火时甚至把市民赶在前面做盾牌，导致许多人无辜死亡。

在战争中，人民忍受着持续的和难以言状的恐惧。近人陈宽写的一首竹枝词真实地描写了人民的这种处境：

> 街头巷尾断人行，
> 密密层层布哨兵。
> 予取予求谁敢侮，
> 无权抵抗是平民。

当川军力图攻陷皇城时，士兵们爬上民宅枪战；而滇军则向市民射击并浇煤油点火烧毁民房。滇军在街头到处拉夫，一次他们闯进总府街一家茶馆，在那里喝茶的商人们纷纷逃散，但仍有二三十人被抓。

当士兵冲进劝业场拉夫时，无处可藏的人们跑进了警察分局寻求庇护，士兵紧随闯入分局。那里的四十余名警察竟从后门仓皇出逃，但仍有两个被士兵所虏。人们可以想象，当警察都自身难保之时，一般民众的境况是何等艰难！

在川军和黔军之战中，黔军令居民打开门户以便其躲藏，而且他们在激战时还趁机抢劫，许多市民为避祸而逃向乡村，那些无路可走的则听任宰割。在劫后的许多街巷，人们可见宅院门前大都贴一纸条，不曰"本寓抢劫一空"，即曰"本寓连劫数次，银钱衣物一扫而空"。

当南城被焚时，人们逃往其他地区，沿途是一片惨状：人们扶老携幼，带着他们的包袱，有些甚至赶着猪和牛，有些则乘坐马车和轿子，到处是难民。这时，教堂和庙宇成为相对安全的地方，仅丁公祠便收留了三千余人，西来寺收留达四千余之多。

除了抢劫和财产损失外，市民还面临着因运输渠道被切断而造成的食品短缺，当时只有老南门可运米、菜、柴入城。同时，占领军在各势力范围内的街口设障或盘查。商贩也只能在川军控制地区即从通顺街到皇城的范围进行交易。

人间地狱的隐喻

1917 年地方报纸《国民公报》上的不少文章,都与战争有关,以各种方式揭露战争的惨状。这类文章经常以寓言的形式来表达,以动物或鬼神的命运,来暗指人类的苦难和遭遇。报纸虽然不敢公开谴责军阀,但在"虚虚实实"中则通过猫犬和鸟来控诉军阀混战:

> 皇城周围火起时焚死之猫犬等,相约到转轮殿,伸冤行至鬼门关,遇某公馆焚死之笼雀亦在其处,哀鸣不已。猫与犬谓之曰:"你不用哭,同我等一路到转轮殿去伸冤罢。"雀曰:"转轮王很圆滑,东车东转,西车西转的,就去也无益。"猫犬曰:"未必我们惨遭焚死就算了吗?"雀曰:"人类还死得多些,尚无处控告。彼此皆物类,还说啥嘞?"猫犬闻此言,垂头丧气而去。

该文以在军阀混战中被火烧死的猫狗去阎王殿申冤,借动物之口来揭露现实社会。这是一个无处讲理的时代和地方,无辜死难的民众也无处申冤,而且以雀之口,来透露人民大量死亡,而且"无处控告"。

文中提到的"转轮王"很有意思,按民间说法,其为阴间十王之第一，专司各殿收取的鬼魂，然后分别核定发往投生，每月汇记细数，注册登记，送呈阴司丰都。按文中所讲，去找转轮王申冤是无用的。成都遭兵燹以后，也向中央政府请求主持公道，但没有任何实质性结果。这个时候，中央政府非常之不稳定，对地方缺乏真正的控制权，因此寻求中央政府主持公道，无疑是缘木求鱼。

另一篇文章以类似的手法来表现这场灾难，揭示在当下中国，没有主持正义的地方：

> 阴阳界传来消息，云前此遣之兵，因在某某等庙候饷变作时，被东较场之滇军杀害。该冤魂等整队向冥府喊冤，被山门土地之底下人挡住，需索纸钱。冤魂等忿极大骂之曰："这个地方还是不讲公理，我们还来喊什么冤？"中有数冤鬼曰："我们到中央去。"内有不以为然者曰："中央只晓得叫人静候，我辈就是候拐了。"数冤鬼又曰："或者以我被死得惨，一闻即发天良。派员从严惩办。"不以为然者曰："中央诸执政者心头只有个'党'字，哪里有天良？"

这段文字说的是，在战争中被滇军杀死的士兵在阴间喊冤，发现"这个地方还是不讲公理"，而且中央也是不能解决任何问题的，"只晓得叫人静候"，四川"就是候拐了"（也就是等候使问题变得更糟糕）。有人还抱希望中央过问四川的惨状，"即发天良"，派人来"从严惩办"。但是他们发现，在中央政府诸执政者那里，只有党派的利益，是不管天良的。

以鬼代言似乎成为政治讽刺的常态，下一篇也是这样来讲故事的：

> 枉死城中新鬼开会，主席宣言："民国应以民为贵。当今伟人往往轻视吾民，任意蹂躏，至死不恤。吾侪当求作其子孙。"于是反对之声四起，曰："他们害死我们，我们还要给他做子孙吗？"少鬼对曰："不如是亦不足以覆其家也。诸公以为我作其孝子贤孙乎？"众乃鼓掌曰赞成。

这里显然是对那些当权的所谓"伟人"进行揭露，人们被他们"任意蹂躏，至死不恤"。这些冤死的鬼请求做这些"伟人"的子孙，其目的是以后有机会"以覆其家"，让他们受到报应。

城隍也被利用作为政治的讽刺：

> 昨日城隍出驾，异常热闹。城隍之前，有瘟神火神王灵官。据顺风耳报告，各神回官，大开会议。瘟神云："我过各街见讲究卫生的很少，如此专靠我保佑，未免苦人所难。"火神曰："我在此间有年，岂忍如此惨烧人民。这要怪他放火的。"两神言毕，共谓王灵官曰："你驾然何不开腔？"王灵官仍摇头不语，两神复谓之曰："你们姓王的很对不住人，

一个不向这里来，一个在这里又不发言。"王灵官怒应之曰：
"你两位好生把戕人生命、荡人财产的收拾住，就没有事了，
还要我们开什么腔嘞，争论不休。"一卒慌忙上前报道："外
面冤鬼甚多，要见星君。"诸神一齐说道："原是莫有道理的事，
怕说不过他们，快快把门关了吧！"

"城隍出驾"是清明时节举行的传统仪式，人们抬着城隍的
塑像穿过街头，这个活动每年春天由社区组织，社会各阶层从地
方官、精英到普通市民，甚至乞丐都广泛参加。同时用纸给"孤
魂"做衣服，人们抬着这些纸衣在街上穿行，送到城外的坟地焚
烧，称"寒衣会"，或"赏寒衣"，或"赏孤"。城隍应该是保护
这个城市的神灵，但这个时候也无能为力。通过城隍庙里的三个
神：瘟神、火神、王灵官的对话，来揭露军阀混战中火烧成都的
惨状以及许多人成为"冤鬼"的事实。

只能自己救自己

1917 年的巷战给成都市民留下了深深的创伤，但经过痛苦
磨难的成都人也变得更为坚强，他们在动荡年代挣扎着和寻求生
存。这也促使他们更多地相互依靠，站在一起对付共同的敌人。

由于这些原因，传统的组织能幸存下来，并且仍然在地方社
区和地方政治中发挥重要作用。这一时期，一般民众的公共空间

图 43　在皇城内的四川督军署。甘博拍摄于 1917 年的成都。

急剧减少，他们的生活和生命也经常受到威胁。

为了保证自己的安全，他们努力寻找稳定社区秩序的方式。由于缺乏经济力量和社会地位，民众自己很难完成这样的任务，因此传统的社区领袖——地方精英——出来承担起了这项重任。

中国城市社区早就形成了地方自我保护的安全系统，尤其是在社会混乱的时期，这种作用便更加明显。在辛亥革命和民国初年，当地方政府无力维持治安之时，市民们自己组织自卫。

1911年叛军洗劫成都时，市民们便坚守四个城门，堵截士兵运赃物出城。为蒙混过关，许多士兵装成女人坐轿，有的雇妓女扮成夫妻，有的把赃物装进棺材冒充出殡。水路走南门，北门则用轿子和马运载。这时，袍哥各公口在自卫活动中起了重要作用，它组建民团、募捐筹款、守望相助。

传统的地方治安系统在动荡年代变为更加重要。民初的地方治安仍然主要依赖保甲制度，但这个系统明显地被削弱。为寻求自我保护，市民们以街道为单位组织了"团防"，其经费由各户分摊。

团防还取代了过去警察的一些职责，如搜查鸦片和武器等。作为一个民间力量而参与"官方事务"，不可避免地会同警察发生冲突，地方政府也力图限制团防的权力。

当战争来临、局势恶化，地方政府一般支持团防；而一旦局势稳定则对其进行打击。例如1916年当护国战争蔓延进四川并逼近成都，当局鼓励市民组织民团以作自卫之用，但当战事一过民团便被强行解散。

1917 年成都爆发巷战，民团发挥了更关键的作用。当警察瘫痪而土匪肆虐之时，他们只有依靠自己的组织而求生存。当时一百多位街首上书，吁请当局准予组织民团，以街道为单位进行防卫。

每街雇两名更夫，守卫街道两头并负责栅栏的开启，花费由街正从各户征收。若有窃贼或盗匪，更夫便敲梆子示警。民团要求各户准备一米五长、直径一寸以上、带铁头的棍棒，沿街住户每户至少两根，住公馆者至少一根，而偏僻的住家则需四根，街坊还负有为赤贫人家购置棍棒之责任。

根据民团要求，当警报一响，各户都必须派人上街拒盗，不出力者将会受罚。民团还要求各户准备标明所属街道的灯笼，入夜各户将灯笼挂于屋檐，以助缉盗。为防治盗匪，有的街道将栅门关闭，街面石板被撬起作为路障。在最危险的时期，每街都雇有十余个穷人看守，若有伤亡，街民共同负责赔偿。

如果说组织民团是一种"积极"的自卫，那么送钱和食物给那些军队则可算是"消极"的自卫。市民们根据情况运用两种策略。在 1917 年的巷战中，二千多名滇军驻扎在莅泉街、天福街一带，当居民听到军队可能抢劫的风声，赶快凑钱购得食物送到军营。

居民们的确"买"到了"保护"，滇军随后公布了在这一地区禁止抢劫和强奸等五条纪律。可见，无论是"积极"还是"消极"的自卫，每当人们面临危机，他们总是以邻里和街道为基础站在一起共同对外。

整个 20 年代，守夜成为各街的日常事务。由于这项活动给市民们的日常生活带来了极大的负担，加之街首滥用职权，因而导致居民的不满。这个时期李劼人写有一个短篇小说《市民的自卫》，以讥讽的笔调生动地描述了这项活动：

入夜不久，街上还有行人，二更以后，便只有一排门灯，同三十来个守夜的专丁。他们都静悄悄地坐在财神庙的大门外，那里有七八个大灯笼，写着某街团防，桌上一座亮纱桌灯，写着严拿奸宄。他们中间年纪在五十以上的有七八个，都是各家公馆里派出的，年纪在十六以下有十几个，都是各家铺子里的学徒。这两种人在白昼都是极辛苦的，而且早晨照例天明就要起来工作，所以到这时，无论如何是要瞌睡的。纵然为主人与师父所派，不能不离开温和的被窝，出来"自卫"，但是坐而假寐，是情理之所许……

中间一个人忽然的愤慨起来，吐了一把口痰道："他妈的；守夜！只是振我们的冤枉罢了！（振冤枉犹言设法陷害——原注；不过我倾向于'整冤枉'更符合文意——引者注）白日要挣钱吃饭，天黑了还要出来熬夜，再熬十天半月，就是铁打的好汉，也熬不住了。"

于是大家的言语便应运而生。大家都归罪于街正，说是他兴的这件事，"明天去问他岂有此理！把我们弄来熬寒受冷的守夜，他龟子倒安逸地搂着小老婆在房里睡觉！他说的自卫，怎么他自己不出来呢！大家都是街坊，难道我们是他的卫队么！……"

可见，守夜也反映出阶级的区分。我们也可看到李劼人对自卫和街正以及市民间的不公平所持的批评态度。不过，这个故事也生动地表现了街道是怎么组织和进行自卫活动的。

守夜的组织也显示了邻里社区仍然能对像战争、抢劫以及其他外部威胁这样的社会危机做出反应。一方面，普通民众需要有人来组织自卫，但另一方面，这样的活动也引起了巨大的不便，这种不便甚至会恶化地方领袖和民众之间的关系。1917年的巷战后，成都民众仍然处在土匪和军人的淫威之下，因此他们力图建立一个更有效的自卫系统。

1928年，成都各区民团首领集会讨论社区安全，议决建立"民众武力"，虽然没有资料显示这个"民众武力"成功地建立，但这个议题本身则说明了，直至这时社会共同体的作用仍十分明显。

但就在这一年，成都市政府建立，从而使社会安全和控制进入了一个新阶段。成都城市的历史，也进入了一个新阶段。我关于清末民初的成都日常记忆的挖掘，也该就此打住了。

尾声　不得不说的话

　　这本书叫《消失的古城》，是因为作为一个古城，成都现在已经不复存在。现在我们所看到的成都，是在大拆大建之后出现的一个崭新的城市。老房子、老街区、老城墙、老桥、老树、老庙……在哪里去寻找它们的踪迹？作为一个历史研究者，可以说是眼睁睁地看见这个古城一天天地远去而无能为力。这是成都的悲哀，也是中国的悲哀，当然也是我们历史研究者的悲哀。不知有多少次，儿时的成都回到我的梦境之中，那些档案和文献也不时把我带回到过去，因此我不断地在历史和现实中间穿梭往来。我希望这本书能够把成都这个古城的记忆保留下来，无论你是喜欢它，还是讨厌它，它都是成都的过去，它告诉我们从哪里来。当然，今天我们也不得不回答这样的问题：我们要往哪里去？

古城已经消失

　　我在《历史的微声》那本书里说到，一个人的声音是微弱的，但是千千万万个微声发出来，就会被听到。那么在这里，我想发出自己的微声。

这本书所展示的城市空间和日常生活，都已经离我们远去。逝去的历史，永远不会再回来。今天，越来越多的人发现，一个城市的历史和文化，在走向现代化和全球化的今天，比 GDP 和宏伟的广场和现代建筑，更具有魅力，更能弘扬城市的精神。

1997 年，我在离开中国 6 年后，才第一次回到成都，为我的博士论文《街头文化》收集资料。我父母家就住在大慈寺对面，所以大慈寺后面的小街小巷就成为我最经常的考察之地。过去的大慈寺后面的和尚街、笔帖式街、马家巷、北糠市街等，虽然破旧，但是和大慈寺是融为一体的。而且那些街名，都承载着满满的历史和文化。

大慈寺的历史悠久，而且规模宏大，高僧辈出，号称"震旦第一丛林"。始建于魏晋时期，天竺僧人宝掌禅师入蜀参拜普贤菩萨，在成都建大慈寺，距今已有 1600 多年的历史。唐宋时期大慈寺达到极盛，建筑恢宏，环境优美，特别是寺中大量精美彩绘壁画。明末大慈寺毁于战火，清初得以重修，但规模缩小，寺内壁画无法恢复。虽然清末陆续进行整修和扩建，但未能再现唐宋时期盛况。不过，大慈寺不仅佛事旺盛，还成为游览胜地，尤其是周边各条街道所形成的古城风貌，非常具有历史和文化价值以及成都地方文化的特点。

这样的珍贵庙宇，按照各种历史遗迹的保护的基本规则，周围的环境必须与之相配。高楼的修建、街道的扩展等城市建设计划，都通通应该为其让路。但我们恰好是反其道而行之。现在，本来应该是占据中心的安静幽深的禅院，却被熙熙攘攘的太古里挤在角落里，形成了非常不和谐的"共存"状态。

或许有人会说，周边的那些房子的历史其实也不长，也没有多少文物价值，此言差矣！这些小街小巷的原始格局本身就是历史，虽然房子经过了不断地修缮，但是主结构还是过去的，院落布局也是过去的，街区也是过去的。哪怕许多建筑是民国时期甚至是 1949 年以后的，但是这些房屋的布局与街道有机地结合，仍然有着古城的韵味和无限的价值。

1997 年，我和我哥哥在大慈寺后面的小街小巷拍照时，那里的居民还以为我们是拆迁办的人，似乎对拆迁已经迫不及待。不可否认，那里的人们也是想急于摆脱简陋的居住环境，房子太旧，居住条件太差，缺乏相应的卫生设备。但是，如果要保护这些区域，政府就必须拿出钱来，这当然不如干脆一拆了事，交给房屋地产商去开发商业区。

今天这些小街小巷都已经没有了，那里屹立着辉煌繁荣的太古里。商业上十分成功的太古里，是以破坏大慈寺的周边环境为代价的。跨入 21 世纪以后，大慈寺后面的老街开始拆除，包括和尚街、笔帖式、马家巷等，都消失了。在原址修了一大片仿古建筑，当时中国各个城市，包括成都，仿古建筑风行，对人们来说已经不再新鲜。那些仿古建筑建成后，备受冷落，多数空置在那里。最后居然推倒重来，走现代建筑风格，这就是今天的太古里。

和尚街的消失只是成都这个古城消失的一个缩影。1949 年以后，我们眼睁睁地看到城墙拆了，城楼拆了，皇城拆了，九眼桥拆了，万里桥拆了……想当年拆九眼桥的时候，成都的学者们都在大声地呼吁保留，包括四川大学历史系的教授们，但是谁听呢？

我们把真古董销毁了，又去造假古董。2001 年，仿古九眼桥宣告建成，虽然仍为九个桥孔，由仿古青石块砌成，保留明代建筑风格，外观和工艺上不差，但关键问题是，这已经不是成都过去的那座古九眼桥了。毁掉的东西永远不可能再复还，我们纵然有金山银山，也是无济于事的。

古城挽歌

中国古建筑遭破坏最严重的并不是战争时期，也不是"文革"时期，而恰恰是上世纪 90 年代以来的大拆大建。这二三十年来，成都和中国大多数城市一样，始终处于大拆大建的浪潮中，一片片历史区域和一条条老街消失了。除了拆掉了那些人人皆知的地标性建筑外，千千万万座老宅院，更是无声无息地从我们的视线内消失。

我小时候住的成都布后街 2 号，原来就是十分精致的大宅院，1949 年以后是四川省文联所在地。大院门口左右有石狮，黑漆大门，肃穆森严。壁上有浮雕，门外高墙下部嵌有拴马石。正院三进，左右两侧还有独院。园中有假山、荷池、亭台、水榭等，回廊小径，曲折相通。我和哥哥住的一间旧屋，出去就是一个大圆拱门。这个大圆拱门还不时回到我的梦境中，但是整个大宅，现在连痕迹都没有了。

也有人可能为大拆进行辩解，说是那时候人们的认知存在局限，要不就是为了改善城市居住条件作出必要的牺牲……对此，我并不认可。这类似于对环境污染的辩解，我们听得够多了类似的理由。固然可以找出无数的理由，但问题在于，我们是后发展国家，欧美和日本已经有经验和教训，专家学者也不断地提出告诫，其焦急之心，不亚于1950年代梁思成对北京城墙的保护。但是我们的管理者并不想认真倾听。

当然，这不仅仅是成都的问题，北京的城墙和大部分城楼，也都不复存在。一个城市改造基础设施是无可厚非的，但是如何在城市发展，满足现代化和人民生活要求的同时，最大限度地保护城市原有的历史和文化，则是考验执政者智慧的一件大事。

当我们把旧的东西弃之如敝屣的时候，美国人居然把一座徽州古宅，不惜任何代价，拆下到美国组装。"荫余堂"是超过200年历史的徽派古建筑，位于安徽省黄山市休宁县黄村的大宅院，拥有卧室、中堂、贮藏室、鱼池、马头墙和"四水归堂"式的天井院落，具有典型徽州民居的建筑特色。这座宅子里曾经居住过黄姓八代人，1978年之后，就再没有人住了，到1990年代，等待它的命运不是倒塌，就是拆毁。

如果不是被美国史学家白铃安（Nancy Berliner）发现，这座现在举世闻名的古建筑，就肯定永远消失了。1997年，这个大宅院被小心地拆解，一砖一瓦、一石一木，都被清理干净，并编号和记录，分门别类，装箱运往美国。拆卸工程持续了四个多月，木构件和砖瓦石料，甚至鱼池、院墙和门口的石板路，还有家具和用具，暖瓶、脸盆、算盘、烛台等，前后三批，分40个集装箱，海运至美国。

此后长达五年的时间里，从安徽聘请的能工巧匠，在美国麻州塞冷镇碧波地博物馆（Peabody Essex Museum），对荫余堂进行全面恢复，修旧如旧，真可以说是凤凰涅槃。重建的荫余堂，一切物件也一如往昔，尽可能地保留了它在中国时最后遗留的所有信息，每一张墙上的贴纸，每一个竹篮，壁画、窗格、相框、照片、标语、毛主席像和报纸，等等，还有雕花大床、暖瓶、煤油灯，祖先的画像，石磨和石板路，天井水池中的鱼儿，犹如时光在那一刻停滞了。

2003年6月开放时，我从美国哥伦比亚广播公司电视网看到这则新闻，真是万分感慨。宝贝，只有在认识和珍惜的人那里才是宝贝，否则就是碍眼的破烂。这类的老宅，成千上万地被拆毁了，但是荫余堂却要靠一个美国人来拯救。

多年前发生的改造西班牙大厦的事件，再次让我们领教了什么叫保护历史和文化。2014年，万达集团董事长王健林购买了马德里市中心的地标性建筑"西班牙大厦"，购买金额为 2.65 亿欧元。按照王健林的规划，将这座大厦改建为一家拥有 200 间客房的豪华酒店、高级商场和 300 个住宅公寓的综合性物业。但是这个计划却遭到了来自马德里政府和市民的强烈反对，他们认为，这座大厦是"西班牙人的共同记忆"。王健林的计划被搁浅，他最终决定卖掉这座马德里地标建筑。

我们有其他选择吗?

然而，老城的改造，除了拆掉重建，难道就无路可走了吗？2018 年 10 月底，我到成都参加在白夜书店举行的《袍哥》一书的首发活动，画家、现在醉心于古城改造的王亥先生，通过白夜创始人、诗人翟永明联系上我，邀请我去参观他主持改造的崇德里。

我孤陋寡闻，居然还不知道这样一个所在。崇德里改造前早已残破不堪，老屋保留下来的也只有 60 多米，最好的建筑已经被拆，只剩下了三个院子。王亥认为，过去通行的把城市破败的房子全部拆掉，修崭新的房子的做法，把城市"变成一个没有个性、没有历史感的城市"。

在改造过程中，他和他的团队尽可能地保留原建筑的一砖一瓦，例如柱子，腐烂坏损的部分去掉，嵌进新木头，以恢复功能。这样，修补的痕迹，却带来独特的美感，"时间和历史成为这里最好的装饰"。崇德里可以说是一个小小的范本，至少告诉我们，对于老城中的老街、老房、老建筑，并不是除了推倒重来，就无路可走了。

不得不承认，过去的老房子，住起来非常不舒服，封闭不好，缺乏卫生设备，要成功地改造成适合于居住，就必须考虑内部的舒适。崇德里便是一个非常好的试验。房屋原来的部分完全保留和加固，但是内部的设备却非常现代化。

和尚街到崇德里的距离很近，但是从和尚街的彻底消失，到崇德里的及时保护，则走过了曲折而漫长的里程。崇德里让我十分震撼，我终于看到了我一贯主张的那种古城保护。尽管自己书和文章写了不少，但终归是纸上谈兵，而崇德里则是最好的实践。王亥的思路，可以说和我不谋而合。

看到崇德里今天的面貌，我只有叹息大慈寺后面片区改造得太早了，如果能保留到今天，政府可能会有不同的理念，不同的方法和路径，可以让真正的古城的一角相对完整地保留下来，以展示过去成都的建筑、街区、小巷、铺面、公馆……即我的《街头文化》一书中描述的那个背景和格局。过去我们看到旧的碍眼，因为新的少；现在新的东西太多，古老的东西已经远去，我们开始怀念旧的东西。但是当我们醒悟的时候，已经为时太晚。我想，如果我们执政者当时有像今天对旧房子和旧街区的态度，我们成都的那些古迹，就不会被拆掉了。

虽然对于成都来说，已经未免太晚，但是，现在行动起来，总比什么都不做好。我高兴地看到，崇德里、东郊记忆这样的改造计划正在成为主流，这个思路的转变是根本性的，毕竟走向了世界古城历史文化保护的普世之路。

跋　成都还有味道吗？

2018 年 1 月初，我和流沙河先生以"成都的味道"为主题，进行了一场对谈。活动结束以后，我把对谈的思路以"成都的味道"为题，写成这篇文章，发表在"腾讯·大家"上。文章从"成都的味道"入手，对成都这个古城的城市景观、文化和社会生活的剧变，进行了概括性的评述，我想作为本书的"跋"，真是太恰当不过。

我的历史写作算是学院派，是学术研究，给所谓"象牙塔"中人看的，很少真正面对社会。只是多年前我《茶馆》一书出版后，在成都宽窄巷子的见山书局做了一次讲座，是首次给学术界以外的读者做讲座。

童年时和流沙河老先生住同一个院子，他是我父亲的同事，又是同年同月同日生，互称"老庚"。老先生的命运坎坷，父亲经常在家讲他的传奇故事。他从右派劳改回单位后，在四川省文联的图书馆工作，我们一些小孩经常听他讲故事。不敢相信，岁月流逝这么快，竟然半个世纪已经过去。能够荣幸地和老先生坐在一起，讲成都的故事，真是感慨万分。

对话的主题是成都味道，我离开成都太久，对成都今天的味道说不出个所以然。我主要想听老先生讲，我在旁边敲敲边鼓。我现在能感觉到成都的味道，但多是童年的记忆，回味的是成都过去的味道。还有一些就是从文献中体会到的成都过去的味道，算是间接的感觉。

真正的成都的味道是什么呢？不是几句话能够说清楚的，也没有一个明确的定义。味道不是一天形成的，一定是长期的过程，一定是从过去流传下来的传统，一定是综合的因素。

味道是很难用语言表达出来的，经常是只可意会，不可言传的东西。我说不清楚今天成都的味道，但是我今天还可以回味过去成都的味道。那种味道，是萦绕在脑海中，时时会在心中翻出来，让人有一点淡淡的怀旧和惆怅。因为过去的味道很多消失了。

说起成都的味道，一定是和其他城市进行比较的，是有地域的差别的。成都的味道，也可能是特殊的城乡关系，每天从城外来卖菜的农民，或来谋生的手工匠；也可能是城市面貌，像两层楼的铺面，有围墙的公馆，府南河，城墙，满城和皇城；还有成都的招牌和幌子。

成都味道还有可能是方言（成都话）、饮食（小吃）、市民文化（生活情调、生活节奏）、气味（火锅味、小吃味、茶叶味、辣椒味）、声音（手工匠、小贩的吆喝），等等。

现在气味还有，但是老成都的声音没有了，代之以街上汽车的喇叭声、商店促销的吆喝声，以及跳广场舞的音乐声。

味道实际上也包括一种生活方式，一种生活态度。关于成都人的生活方式和态度，人们已经谈得很多了。成都是休闲的，缓慢的，和快节奏的现代化的生活，有着明显的区别。

如果要问什么是成都味道，茶馆就是成都的味道；休闲的生活方式，就是成都的味道；从从容容的生活态度，是成都味道；居住环境也是成都味道。小时候居住的大院，前面是布后街和脚板街（其实是"爵版街"的谐音而来，后来反而谐音成为正式的街名），听名字就好有味道。改造前的宽窄巷子也很有味道。

味道就是值得品味的东西，可以有很多东西去慢慢体会。一个城市的味道，对不同的人，有不同的体会。味道也分人群，如阶级、教育、经济地位、地域、族群、年龄等。

我喜欢过去大慈寺后面的和尚街的味道，但是现在变成太古里了。太古里没有成都味道，但年轻人喜欢，但是正是这样的新东西正在蚕食传统，但是它也可能是青年人眼中的成都味道。

现在的年轻人，生长在这个国际化、商业化的、互联网时代。地方文化对他们的影响十分有限，所以他们眼中的成都味道，一定与我们这一代是不同的。随着时间的推移，他们甚至不一定有"成都文化"这样的认同感。

在好多老成都看来，新东西固然炫目，但是没有成都味道。这里需要说明的是，我在这次"腾讯·大家"组织的对谈中，提到原来有成都味道的和尚街被推倒，变成了今天的太古里，结果媒体报道都说我认为太古里也是成都味道，这刚好和我说的意思相反。

对讲究吃的人来说，小吃就是成都味道；对喜欢输赢的人来说，麻将就是成都味道；对喜欢古迹的人来说，杜甫草堂、武侯祠就是成都味道；对喜欢小街小巷的人来说，过去的宽窄巷子就是成都味道；对喜欢闲聊的人来说，茶馆就是成都味道。不过，现在成都有味道的茶馆越来越少，结果礼失而求诸野，成都彭镇观音阁茶馆经常成为我们回味老茶馆的所在。

人与人之间的关系也可以反映一个城市的味道。过去成都的味道，还在于它的人情味儿，住在铺面和大院的邻里关系密切，日常用品借进借出，老人小孩相互照看，有事无事的闲聊，各家炒菜的味道，一切都是自然地融合在一起。但是今天人们搬进了钢筋水泥、封闭的公寓楼，密切的邻里关系消失了。

过去的成都又是一个可以容纳外地人的城市。一个城市有味道，还在于它的包容性，可以把别人的味道，吸收融合为自己的味道。文化总是相互影响和借鉴的，从历史一直到今天都是这样。

一个有味道的城市，绝对是一个可以容忍下层人，特别是外地移民的城市。成都茶馆就是最好的证明，在那里干活的，几乎都是外县来的人；上层下层都可以使用同一个空间，坐在同一张茶桌旁。

一个城市有味道就是因为它的丰富多彩，包括人群的丰富多彩。如果都是千篇一律，那还有什么味道呢？

现在有一种城市审美，什么都是统一，什么都是整齐划一，什么都要宏大，这种美学是从苏联学来的，大广场，大建筑，整整齐齐，宏伟得令人生畏。如果各个城市都是整齐划一的东西，那肯定是一个枯燥的城市。

我很忧虑的是，我们的城市变化太快。在大约二十年时间内，一座座古城被推倒重建，过去的老城已经不见。最近我看到一组照片和一组油画，都是欧洲一些城市的建筑。在100年以前的油画，这些建筑今天仍然存在，把这些照片和油画放在一起，真是非常震撼的对比！为什么我们对自己的传统，就如此地不珍惜呢？

成都像中国所有其他城市一样，味道越来越淡，文化变得越来越同质。这个现象是与城市的重建联系在一起的。城市住房条件的改变是必须的，但是应该怎样改？当然，欧洲石头房保存容易得多，中国房屋多是木结构，难以持久。不过，看看我们的东邻日本，过去的房屋也是以木结构为主，但是今天到日本京都、奈良，我们可以感觉独特的味道。我们唐代的木建筑，只好去日本才能看到了。这难道不是我们城市建筑的悲剧吗？

现在的中国，从南到北，从东到西，文化越来越同一。例如，全国古镇都一样，云南的大理古城，四川的黄龙溪，江苏的周庄……都区别不大。过去，一张照片一看就知道是成都，现在不可能了，全国千篇一律。

我去云南跑了一趟，真是非常失望：乡村也变得没有了特点，云南农村和川西农村，几乎没有了区别，砖墙铁皮或石棉瓦屋顶房，代替了过去傣家的竹楼，原有的美感没有了。为什么过去穷乡僻壤的房屋都有设计感和美感，但是今天的哪怕是土豪的豪宅，就那么俗呢？

　　现在经常是一个地方旧城改造成功，其他地方就纷纷仿造。景观沉沦，没有了视觉的美感，到处都是古镇、音乐广场、大道、老街、步行街、仿古建筑、大屋顶……我们的想象力越来越匮乏。城市发展面临着矛盾，城市设施改善了，但是传统消失了。

　　怎样解决这些矛盾？我悲观地认为，地方文化的消失是不可逆转的趋势，任何人都不可改变。中国现在的城市管理体制，不会延缓，反而加速了这个进程。如果我们的城市管理者，能够把眼光放远一些，把历史和地方文化的保护放在经济效益和商业发展之前，或许我们还可以留给后人一点有地方味道的东西。

参考文献

中文文献：

巴金：《家》，北京，人民文学出版社，1932 年初版。

陈浩东、张思勇主编：《成都民间文学集成》，成都，四川人民出版社，1991 年。

陈宽：《辛亥花市竹枝词》，载林孔翼（编）《成都竹枝词》，1911 年，第 150—151 页。

陈茂昭：《成都的茶馆》，载《成都文史资料选辑》第 4 辑，1983 年，第 178—193 页。

陈三：《纱帽冠盖何处寻》，《龙门阵》1988 年第 4 期，总第 46 期，第 95—98 页。

陈三：《旧蓉城艺人忆片》，《龙门阵》1989 年第 5 期，总第 53 期，第 59—61 页。

陈祖湘、姜梦弼：《成都劝业场的变迁》，载《成都文史资料选辑》第 3 辑，1982 年，第 59—144 页。

成基、何淳:《神摸，苦骗，理骗》,《龙门阵》1982年第2期，总第8期，第22—119页。

《成都风物》第1卷，成都，四川人民出版社，1981年。

《成都日报》,成都，1904—1911年。

《成都市市政公报》,1930—1932年。

《成都市市政年鉴》,1927年。

《成都文史资料选辑》,1960年代—1990年代，成都。

成都市地方志编撰委员会（编）:《成都通讯志》,1984—1988年。

《重修成都县志》,载《中国地方志民俗资料汇编》西南卷，北京，书目文献出版社，1988年。

崔显昌:《旧蓉城的市声》,《龙门阵》1982年第4期，总第10期，第86—92页。

崔显昌:《旧成都茶馆素描》,《龙门阵》1982年第6期，总第12期，第92—102页。

戴文鼎:《城隍庙杂记》,载成都市群众艺术馆(编)《成都掌故》第2集，成都，四川大学出版社，第380—387页，1998年。

戴执礼（编）:《四川保路运动史料》,北京，科学出版社，1959年。

迪凡:《成都之洋琴》,《四川文献》1966年第5期，总第45期，第22—23页。

定晋岩樵叟:《成都竹枝词》,载林孔翼（编）《成都竹枝词》,

成都，四川人民出版社，第59—69页。

方崇实、石友山:《"墨状元"智折周孝怀》,《龙门阵》1989年第1期,总第49期,第15—19页。

方旭:《花会竹枝词十二首》,载林孔翼(编)《成都竹枝词》,第144—145页。

费著:《岁华纪丽谱》,载《墨海金壶》第3函,台北,台湾艺文印书馆。

冯家吉:《锦城竹枝词百咏》,载林孔翼(编)《成都竹枝词》,第85—95页。

冯誉骧:《药王庙竹枝词》,载林孔翼(编)《成都竹枝词》,第142—143页。

傅崇矩:《成都通览》,8卷,成都通俗报社印,1909—1910年;成都,巴蜀书社,1987年重印,为上、下两册。本书所用插图取自1909—1910年版,文字引自1987年版。

《国民公报》,1912—1949年。

何满子:《五杂侃》,成都,成都出版社,1994年。

胡天:《成都导游》,成都,蜀文印书局,1938年。

《华阳县志》,1816年,44卷;1934年,36卷,成都。台湾学生书局重印。

荐青:《五月的成都》,《时事周报》1932年第7期,第2—3页。

姜蕴刚:《清末成都之社会建设》,《旅行杂志》1943年第10期,第10页。

李伯雄《洋房子走路——汽车初到成都的故事》,《龙门阵》1988 年第 6 期,总第 48 期,第 29—31 页。

李劼人:《市民的自卫》,载李劼人《好人家》,上海,中华书局,1947 年,第 124—135 页。

李劼人:《暴风雨前》,上海,中华书局,1936 年;《李劼人选集》第 1 卷,成都,四川人民出版社,1980 年,第 275—662 页。

李劼人:《大波》,上海,中华书局,1937 年;《李劼人选集》第 2 卷,成都,四川人民出版社,1980 年,第 3—1631 页。

李乔:《敬惜字纸的习俗》,《龙门阵》1990 年第 1 期,总第 55 期,第 128—130 页。

林孔翼(编):《成都竹枝词》,成都,四川人民出版社,1986 年。

林文洵:《成都人》,杭州,浙江人民出版社,1995 年。

刘可继:《"九里三分"的饭摊子》,《龙门阵》1996 年第 4 期,总第 94 期,第 98—101 页。

刘师亮:《成都青羊宫花会竹枝词》,载林孔翼(编)《成都竹枝词》,第 96—99 页。

刘沅:《蜀中新年竹枝词》,载林孔翼(编)《成都竹枝词》,1911 年,第 125—130 页。

陆兆钺:《陕西会馆的蝎子》,《龙门阵》1988 年第 3 期,总第 45 期,第 83 页。

罗尚:《茶馆风情》,《四川文献》1965 年第 10 期,总第 38 期,第 21—23 页。

罗子齐、蒋守文：《评书艺人钟晓凡趣闻》，《龙门阵》1994年第4期，总第82期，第58—61页。

马尼爱：《马尼爱游成都记》，《渝报》1898年第9期。

闵昌全：《辛亥竹枝词》，载林孔翼（编）《成都竹枝词》，1911年，第156页。

彭懋琪：《锦城竹枝词》，载林孔翼（编）《成都竹枝词》，第31页。

彭其年：《辛亥革命后川剧在成都的新发展》，载《四川文史资料选辑》第8辑，四川人民出版社，1963年，第159—172页。

钱廉成：《廛间之艺》，成都，四川人民出版社，1985年。

前人：《续青羊宫花市竹枝词》，载林孔翼（编）《成都竹枝词》，第99—107页。

乔曾希、李参化、白兆渝：《成都市政沿革概述》，载《成都文史资料选辑》，第5辑，1983年，第1—22页。

《启蒙通俗报》，1902年，成都。

秦楠：《蜀辛》，载隗瀛涛、赵清（主编）《四川辛亥革命史料》上册，第365—375、533—568页。

庆余：《成都月市竹枝词》，载林孔翼（编）《成都竹枝词》，第181—184页。

沙汀：《在其香居茶馆里》，载《沙汀选集》，成都，四川人民出版社，1982年，第140—156页。

沙汀：《祖父的故事》，上海，上海文艺出版社，1963年。

《省垣警区章程》,《四川警务章程》卷 2。原件无日期，但根据内容判断是晚清制定的。原件藏美国斯坦福大学胡佛东亚图书馆。

施居父：《四川人口数字研究之新资料》，成都，民间意识社，1936 年。

石体元：《忆成都保路运动》，载《辛亥革命回忆录》第 3 册，北京，文史资料出版社，第 42—67 页，1962 年。

舒新城：《蜀游心影》，上海，中华书局，1934 年。

《四川保路同志会报告》，成都，1911 年。

《四川成都第一次商业劝工会调查表》，成都，1906 年。

《四川官报》，成都，1904—1911 年。

《四川教育官报》，成都，1907—1911 年。

四川省文史馆（编）：《成都城坊古迹考》，成都，四川人民出版社，1987 年。

《四川省政府社会处档案》，民国时期，四川省档案馆，全宗 186，案卷 1431。

《四川通省警察章程》，1903 年。中国第一历史档案馆，巡警部档案，1501 号，第 179 卷。

《四川文献》，台北，1960 年代—1970 年代。

《四川文史资料选辑》，成都，1960 年代—1990 年代。

《四川学报》，成都，1905—1907 年。

《四川咨议局第一次议事录》，载隗瀛涛、赵清（主编）《四川辛亥革命史料》上册，1910 年，第 2—151 页。

谭韶华:《三庆会》,《龙门阵》1984年第4期,总22期,第118—121页。

《通俗画报》,成都,1909,1912年。

《通俗日报》,1909—1911年。

王笛:《跨出封闭的世界:长江上游区域社会研究,1644—1911》,北京,中华书局,1993年。

王笛:《晚清警政与社会改造》,载《辛亥革命与近代中国》上册,北京,中华书局,1994年,第193—209页。

王庆源:《成都平原乡村茶馆》,《风土什志》1944年第1期,总第4期,第29—38页。

王天寿:《旧成都刑场见闻》,《龙门阵》1991年第2期,总第62期,第50—53页。

汪青玉(编):《四川风俗传说选》,成都,四川民族出版社,1992年。

王再咸:《成都竹枝词》,载林孔翼(编)《成都竹枝词》,第133—134页。

王志行:《资中木偶戏今昔》,载《四川文史资料选辑》第36辑,1987年,第66—75页。

隗瀛涛:《四川保路运动史》,成都,四川人民出版社,1981年。

隗瀛涛(主编):《四川近代史稿》,成都,四川人民出版社,1990年。

隗瀛涛、赵清(主编):《四川辛亥革命史料》上、下册,成都，四川人民出版社，1981年。

文枢、吴剑洲、崔显昌：《旧成都的人市》，《龙门阵》1984年第2期，总第20期，第15—27页。

文闻子（编）：《四川风物志》，成都，四川人民出版社，1990年。

吴好山：《笨拙俚言》，载林孔翼（编）《成都竹枝词》，第69—77页。

吴剑洲、吴绍伯：《〈这儿也有个奇迹王朝〉补遗——补记旧蓉城的乞丐故事》，《龙门阵》1989年第6期，总第54期，第26—31页。

吴晓飞：《卖水人与机器水》，《龙门阵》1994年第3期，总第81期，第9—14页。

吴虞：《吴虞日记》上、下册，成都，四川人民出版社，1984年。

晓晗：《成都商业场的兴衰》，《龙门阵》1986年第6期，总第36期，第36—48页。

锡良：《申明警政白话告示》，成都，1905年。

锡良：《锡良遗稿》第1册，北京，中华书局，1959年。

邢锦生：《锦城竹枝词钞》，载林孔翼（编）《成都竹枝词》，第164—166页。

秀清、侯少煊、熊卓云、米庆云：《解放前成都的扬州妓女》，《龙门阵》1988年第5期，总第47期，第56—65页。

徐式文：《青羊宫外骗神仙》，《龙门阵》1983年第4期，总第16期，第95—99页。

徐心余：《蜀游闻见录》，成都，四川人民出版社，1985 年。

薛绍铭：《黔滇川旅行记》，重庆，重庆出版社，1936 年初版，1986 年再版。

杨槐：《神童子与满天飞》，《龙门阵》1982 年第 1 期，总第 7 期，第 65—70 页。

杨武能、邱沛篁（主编）：《成都大词典》，成都，四川辞书出版社，1995 年。

杨燮（六对山人）：《锦城竹枝词百首》，载林孔翼（编）《成都竹枝词》，第 42—59 页。

姚蒸民：《成都风情》，《四川文献》1971 年第 5 期，总第 105 期，第 17—21 页。

叶春凯：《解放前成都棺材铺一条街》，《龙门阵》1996 年第 1 期，总第 91 期，第 96—101 页。

易君左：《锦城七日记》，载《川康游踪》，中国旅行社，1943 年，第 177—210 页。

苑罕：《市声琐记》，《龙门阵》1992 年第 4 期，总第 70 期，第 11—108 页。

《渝报》，1898 年。

韵陶：《四川哥老会的内容大纲》，《时事周报》，第 4 年第 15 期，第 15—16 页；第 4 年第 17 期，第 15 页，1933 年。

张达夫：《高把戏》，载《成都风物》第 1 集，1981 年，第 109—112 页。

张放:《川土随笔》,《龙门阵》1995 年第 3 期,总第 87 期,第 95—98 页。

张集馨:《道咸宦海见闻录》,北京,中华书局,1981 年。

张秀熟:《五四运动在四川的回忆》,载《五四运动回忆录》第 2 册,北京,中国社会科学出版社,1959 年初版,1979 年再版,第 868—887 页。

《赵尔巽档案》,北京,中国第一历史档案馆,案卷 507,1909 年。

正云:《一副对联的妙用》,载《成都风物》第 1 集,1981 年,第 82—83 页。

郑蕴侠、家恕:《旧时江湖》,《龙门阵》1989 年第 3 期,总第 51 期,第 1—11 页;第 4 期,总第 52 期,第 25—37 页;第 5 期,总第 53 期,第 69—79 页。

钟士秀:《读〈同志会日报〉有感竹枝词》,载《四川保路同志会报告》,第 25 号,1911 年。

钟茂煊:《刘师亮外传》,成都,四川人民出版社,1984 年。

周传儒:《四川省》,上海,上海印书馆,1926 年。

周善培:《辛亥四川争路亲历记》,重庆,重庆人民出版社,1957 年。

周询:《芙蓉话旧录》,成都,四川人民出版社,1936 年初版,1987 年重印。

周止颖:《新成都》,成都,复兴书局,1943 年。

周止颖、高思伯:《成都的早期话剧活动》,载《四川文史资料选辑》第 36 辑，1987 年，第 53—65 页。

英文文献：

Bird, Isabella. 1987 [1899]. *The Yangtze Valley and Beyond: An Account of Journeys in China, Chiefly in the Province of Sze Chuan and Among the Man-sze of the Somo Territory.* First published by John Murray in 1899. Reprinted by Beacon Press, 1987.

Brace, Brockman (ed.). 1974a. *Canadian School in West China.* Published for the Canadian School Alumni Association.

Brace, Brockman.1974b. "Kites," 225 -227, in Brace (ed.), 1974.

Cunningham, Alfred. 1895. *History of the Szechuen Riots (May-June,1895)* . Shanghai: Shanghai Mercury Office.

Davidson, Robert J.and Isaac Mason. 1905. *Life in West China: Described By Two Residents in the Province of Szchwan.* London: Headley Brothers.

Duara, Prasenjit. 1988a. *Culture, Power, and the State : Rural North China, 1900-1942.* Stanford: Stanford University Press.

Fortune, Robert. 1853. *Two Visits to the Tea Countries of*

消失的古城（增订本）

China. 2 vols. London: John Murray.

Geil, William Edgar. 1911. *Eighteen Capitals of China*. Philadelphia & London: J. B. Lippincott Company.

Graham, David C. 1927. "Religion in Szechuan Province." Unpublished dissertation. Chicago: University of Chicago.

Grainger, A. 1917a. "Chinese New Year Customs," WCMN 1: 5–11.

Grainger, A. 1917b. "Chinese Festivals," WCMN 4: 5–12.

Grainger, A. 1917c. " Various Superstitious," WCMN 9 : 10–15; 11 : 9–15.

Grainger, A. 1918a. "Street Preaching, etc.," WCMN 4 : 5–13.

Grainger, A. 1918b. "Popular Customs in West China," WCMN 6: 5–8.

Hartwell, G. E. 1921. " Reminiscences of Chengdu," WCMN 8 & 9 : 5–27.

Hubbard, George D. 1923. *The Geographic Setting of Chengdu*. Oberlin : Oberlin College.

Liao T'ai-ch'u. 1947. " The Ko Lao Hui in Szechuan. " *Pacific Affairs* XX (June): 161 –173.

Polo, Marco. 1961 [1271 – 1295]. *The Travels of Marco Polo*. New York: New American Library.

Sewell, William G. 1971. *The People of Wheelbarrow Lane*. South Brunswick and New York: A. S. Barnes and Company.

Sewell, William G. 1986. *The Dragon's Backbone*: *Portraits of Chengdu People in the* 1920's. Drawings by Yu Zidan. York : William Sessions Limited.

Strand, David. 1989. *Rickshaw Beijing: City People and Politics in the* 1920s. Berkeley and Los Angles: Univcrsity of California Press.

Torrance, Rev. T. 1916. "The History of the Chengtu Wall," WCMN 10: 14–19.

Vale, J. 1904. "Sz–Chuan Police Force,"WCMN 3: 56–59; 4: 82–86; 5: 106–111; 6: 125–127.

Vale, J. 1906. "The Small Trader of Szchuan," WCMN 10: 237–238; 11: 255–262.

Vale, J. 1907. "Beggar Life in Chentu," WCMN 4:8–11; 7:7–10:9:6–7; 10: 7–11.

Vale, J. 1914. "The Art of the Startler," WCMN2: 28–30; 3: 28–30; 8:12–14.

Wallace, Edward W. 1903 and 1907. *The Heart of Sz–Chuan*. Toronto: Methodist Mission Rooms. Two editions.

Walmsley, Lewis. 1974. "Szechuan–That Green & Pleasant Land," 1–8 in Brace (ed.), 1974.

Wang, Di. 1998. "Street Culture: Public Space and Urban Commoners in Late-Qing Chengdu. " *Modern China* 24.1: 34–72.

Wang, Di. 1999. "The Rhythm of the City: Bamboo-Branch Poetry and Public Life in Late-Qing Chengdu." *Late Imperial China*, 22. 1 (June 2003): 33–78.

Wang, Di. 2000. "The Idle and the Busy: Teahouses and Public Life in Early Twentieth-Century Chengdu." *Journal of Urban History* 26.4: 411–437.

Wang, Di. 2003. *Street Culture in Chengdu: Public Space, Urban Commoners, and Local Politics*, 1870–1930. Stanford: Stanford University Press.

West China Missionary News (WCMN). 1899–1943. Chongqing and Chengdu.

Wilson, Ernest H. 1929. *China: Mother of Gardens*. Boston: The Stratford Company.

Yeh, Wen-hsin. 1995. "Corporate Space, Communal Time: Everyday Life in Shanghai's Bank of China." *American Historical Review* 100.1: 97–116.

Yerkovich, Sally. 1977. "Gossiping as a Way of Speaking." *Journal of Communication* 27.1: 192–196.

日文文献：

遲塚麗水『新入蜀記』東京、大阪屋號書店、1926 年。

筧文生『成都重庆物語』東京、集英社、1987 年。

神田正雄『西清事情』東京、農事雑報社、1905 年。

神田正雄『四川省綜覧』東京、海外社、1936 年。

井上红梅『支那風俗』東京、日本堂、1921 年。

内藤利信『住んでみた成都—蜀の国に見る中国の日常生活』東京、サイマル出版会、1991 年。

中村作治郎『支那漫遊談』東京、切思會、1899 年。

西澤治彦『飲茶の話』『GS たのしい知識』第 3 巻、東京、冬樹社、1985 年、第 242—253 頁。

西澤治彦『現代中国の茶館—四川省成都の事例から—』『風俗』1988 年第 4 期、巻 26、第 50—63 頁。

鈴木智夫『清末江浙の茶館について』『歴史における民衆と文化—酒井忠夫先生古稀祝賀記念論集』東京、国書刊行会、1982 年、第 529—540 頁。

竹内実『茶館—中国の風土と世界像』東京、大修館書店、1974 年。

東亜同文会『支那省別全誌』第 5 巻『四川省』東京、東亜同文会、1917 年。

東亜同文会『新修支那省別全誌』第 1—2 巻,『四川省』東京、東亜同文会、1941 年。

　　山川早水『巴蜀』東京、成文館、1909 年。

　　米内山庸夫『雲南四川踏査記』東京、改造社、1940 年。

后　记

　　《消失的古城》是根据 2016 年至 2018 年我在"腾讯·大家"专栏上的系列文章编辑而成，是一个把自己的学术研究通俗化的尝试。这些文章的读者比我的学术著作和论文的多得多，动辄上万，有的甚至达到十万以上，这种结果是我没有预见到的。这些文章所描述的成都，引起了读者的感叹和共鸣。本书第一版 2019 年由社会科学文献出版社甲骨文工作室出版。出版之后，没想到受到了这么多关注，不但畅销，还获得了"封面新闻 2019 年十大非虚构"和"封面新闻 2019 年十大作家"等荣誉。

　　作为古城的成都已经在我们眼前消失，这是一百多年现代化和城市革命的结果。这种令人伤感的现实，只好通过撰写历史来找回这个城市的记忆。从本书我们可以看到，传统成都有着独特的空间布局、自治的社会，由市民自己组织日常生活。但是从晚清以来的城市改革，改变了城市管理，也影响了人们的日常生活。公共空间的重组，使人们自由使用公共空间的传统受到限制。

　　本书提供了人们日常生活的细节，讲述了城市从传统生活到进入现代的故事。我们看到现代化的影响，日常生活方式的演变，人与人之间关系的改变，公共空间演化成政治空间。在这本书中，我们还看到穷人的挣扎，三教九流——乞丐、妓女、苦力、小贩、工匠、挑水夫、算命先生、跑江湖者、剃头匠等——在城市中的谋生技巧。城市中的各种活动，诸如庙会、节日庆典、街头政治、改良与革命等，在这本书中都有细节的描写。

我希望以通俗的语言、生动的历史叙事，对我们理解一个中国内陆城市、城市文化和城市历史，提供一本具有可读性，但又引人思考的大众历史读物。过去我们写历史，忽略了底层民众，即使他们占了人口的绝大多数。因此他们是"失语"的民众。本书就是从底层民众的角度，去看改良和革命对城市日常生活的影响。

历史问题应该与当代问题结合起来思考，目前人们十分关注怎样保存一个城市的特质。现代的城市面貌和设施，已经提不起人们的兴趣；历史和文化，才是一个城市的灵魂。怎样使这个灵魂在现代化、商业化、科技化大潮的冲击下幸存，是城市管理者、学者和居民都应该思考的问题。在我们所熟悉的作为空间和文化的成都已经消失之时，本书可以说是试图重构成都过去的空间和日常生活，通过寻找历史和日常生活的记忆，进行历史批判与反思。

几年以前根据"腾讯·大家"上系列文章编成书的时候，基本上是没有进一步加工。这次利用新版的机会，我进行了比较多的调整。首先是结构的调整，不再按照第一版30篇的顺序，而是根据主题进行了重新编排；第二，过去每一节中间不再分段，现在分出三级标题，这样整本书看起来更有条理；第三，写了一个比较长的前言，阐发了我对从大历史到微观历史，以及为什么要从成都的街头出发来看中国近代史；第四，内容的充实，例如增加了许多新的竹枝词以及其他有趣的资料；第五，修改了每一篇的题目，以便更能显示主题，而且更好地帮助读者阅读；第六，把原来的代序《成都还有味道吗？》，放到了书的最后，作为本书的跋；最后，删去了绝大多数的插图，只保留了文中讨论过的图像，增加了16幅新的图像，特别是美国人类学家甘博（Sidney D. Gamble）1917—1919年在成都平原拍摄的珍贵照片。

因为本书的写作是为了大众的阅读，行文中一般会提到资料的出处，但是没有加脚注。对于本书所参考的文献，可以见书后的征引文献目录。

最后，感谢责任编辑李磊对本书的修订提出的建设性意见。在内容的充实、插图的增删选取、文字的编校等各方面，她都贡献了智慧和灵感，付出了辛勤的劳动，保证了本书的高质量出版。

王　笛

2023 年 11 月 17 日于澳门大学